Os bastidores da missão

MOBILIZAÇÃO, CAPTAÇÃO DE RECURSOS, ESTRATÉGIAS E PROJETOS PARA ORGANIZAÇÕES INSPIRADAS NA FÉ

EZEQUIEL BRASIL PEREIRA

Os bastidores da missão

MOBILIZAÇÃO, CAPTAÇÃO DE RECURSOS,
ESTRATÉGIAS E PROJETOS PARA
ORGANIZAÇÕES INSPIRADAS NA FÉ

Os bastidores da missão:
mobilização, captação de recursos, estratégias e projetos
para organizações inspiradas na fé
por Ezequiel Brasil Pereira
© Publicações Pão Diário, 2022
Todos os direitos reservados.

Revisão: Yara Brasil Pereira
Capa e diagramação: Jéssica Lindemberg
Adaptação gráfica: Audrey Novac Ribeiro
Artes: Daniel Rodrigues
Foto: iStock-92217363
Foto: José Henrique

Dados Internacionais de Catalogação na Publicação (CIP)

P4361b
Pereira, Ezequiel Brasil.
Os bastidores da missão: mobilização, captação de recursos, estratégias e projetos para organizações inspiradas na fé / Ezequiel Brasil Pereira — Curitiba/PR, Publicações Pão Diário, 2022.
260 p.; il. ; 23 cm.

ISBN 978-65-5350-085-3

1. Organizações sem fins lucrativos. 2. Organizações Não-Governamentais. 3. Projetos sociais – Captação de recursos. 4. Filantropia. 5. Voluntariado. 6. Missão – Organização e planejamento. I. Título. II. Subtítulo.

CDU: 347.471.8

Catalogação: Dannilo Ribeiro Garcês Bueno, Bibliotecário, CRB-1: 2162

Proibida a reprodução total ou parcial sem prévia autorização por escrito da editora. Todos os direitos reservados e protegidos pela Lei 9.610, de 19/02/1998. Permissão para reprodução: permissao@paodiario.org

Exceto quando indicado o contrário, os trechos bíblicos mencionados são da edição Revista e Atualizada de João F. de Almeida © 2009 Sociedade Bíblica do Brasil.

Publicações Pão Diário
Caixa Postal 4190
82501-970 Curitiba/PR, Brasil
publicacoes@paodiario.org
www.publicacoespaodiario.com.br
Telefone: (41) 3257-4028

Código: FJ347
ISBN: 978-65-5350-085-3

1.ª edição 2022

Impresso no Brasil

DEDICATÓRIA

Dedico esta obra aos promotores de missões, líderes de conselhos missionários e aos mobilizadores que superam desafios com inteligência e criatividade para o evangelho chegar aos extremos da terra.

Para a glória de Deus, vocês brilham como estrelas no universo.

Em especial, aos mobilizadores pioneiros da JMM: Jorge Schutz Dias, Herodiel Mendes Bastos, Tiago Lima e aos demais, Adilson Santos, David Pina, Antônio Galvão, Othon Amaral, Sérgio Eduardo Cardoso, Jônatas Farizel, Geraldo Rangel, Gilenildo Andrade, Idimar Finco, João Luiz Dutra, Cláudio Andrade, Eduardo Franchi, Fábio Daniel, Robério Soares, Leandro Tinôco, Rodrigo Pereira, Nádia Araújo, Henrique Davanso, Ael e Bel Oliveira.

Minha homenagem *in memoriam*, a Waldemiro Tymchak, o estrategista de Missões Mundiais que descobriu talentos e formou um staff de mobilizadores, e à Acidália Tymchak, que sempre apoiou o trabalho da mobilização.

AGRADECIMENTOS

Sou grato a todos os promotores e mantenedores de missões que têm apoiado minha caminhada, em especial, a estes, que se destacaram na mobilização e, voluntariamente, trabalharam com excelência na logística e captação de recursos, no Centro-Norte do Brasil: Cairo e Dra. Waléria Rabelo (GO), Dr. Luiz Carlos Pinheiro (GO), Silvandra Figuereido (GO), Maria Conceição Borges (GO), Ana Maria Bernardes (GO), Dra Maria Madalena Borges (GO), Diógenes Almeida Manchinha (DF), Héber Aleixo (DF), Olegário Neto (MT), Miryan Adati (TO), Erlon Márcio Garcia (TO), Elisana Lígia Garcia (TO), César Augusto e Isélia Costa (TO), Denise Porfírio (EUA), Dra. Glateny da Nóbrega (GO), Alessandro Melo (GO), Newton e Maria Damázio (GO).

Gratidão especial ao Fabinho Lima, que trabalhou como mobilizador e assistente em minha equipe. Igualmente, ao staff da JMM, que deu suporte direto à mobilização: Leila Mathias Izilda Portela, Rosana Pires, André Amaral, Luiz Carlos de Barros, Lauro Mandira, Renato Reis, Luiz Cláudio Marteletto e Calné de Oliveira.

Expresso minha gratidão à SIBAPA - Segunda Igreja Batista de Palmas - TO, à Igreja Memorial Batista de Brasília - DF, à Primeira Igreja Batista de Goiânia - GO, que me deram suporte na realização dos congressos e no trabalho de mobilização, e aos queridos: Gerson Camargo – *in memoriam* – e Denise Vasconcelos Camargo (DF), Josué Salgado (DF), João Roberto Raimundo (DF), Genilson Vaz (SP), Mauro Clementino – *in memoriam* (MS), Djalma

Albuquerque (MS), Walena e Diogo Magalhães (TO), pela disposição em ter me acolhido nas viagens e por terem renovado meu entusiasmo.

Do mesmo modo, agradeço ao Oswaldo Luiz Gomes Jacob (RJ), a primeira pessoa a me incentivar a escrever este livro, e transformar os "limões em limonada", ao falar da minha experiência na mobilização e do trabalho de captação de recursos.

Ao Claudinei Franzine e ao Reginaldo Cruz, que me auxiliaram ao fazer a crítica e apresentar observações importantes sobre essa obra, e ao Euvaldo Pereira Luz, por ter me dado oportunidades e iluminado meu caminho no mercado editorial, ao Edilson Freitas, meu editor de Publicações Pão Diário, pelo incentivo e apoio a esta publicação. Como também ao Sócrates Oliveira (executivo da CBB), que me acompanhou e deu suporte ao meu trabalho, quando retornei da Itália, e me incentivou a investir em treinamento de líderes.

Agradeço à Genesí Garcia, pelo apoio junto à mobilização, assim como à Bruna Brasil e ao Rafael Brasil que trabalharam na organização de congressos e treinamentos da mobilização.

Aos meus intercessores João Damásio, Durvalina Brasil Pereira, Antônio Gonzaga - *in memoriam*, Bertulina Lopes Gonzaga, Antônio Garcia - *in memoriam*, e Maria Ribeiro.

Vocês foram importantes para que a mobilização fosse bem-sucedida.

"Portanto, meus amados irmãos, mantenham-se firmes, e que nada os abale. Sejam sempre dedicados à obra do Senhor, pois vocês sabem que, no Senhor, o trabalho de vocês não será inútil" (1 Co 15:58 NVI).

Sumário

PREFÁCIO 10
DEPOIMENTOS 13
INTRODUÇÃO 19

CAPÍTULO 1
MOBILIZAÇÃO 23

CAPÍTULO 2
CAPTAÇÃO DE RECURSOS 77

CAPÍTULO 3
ESTRATÉGIAS.. 123
CHILDFUND.. 168

CAPÍTULO 4
PROJETOS INSPIRADOS NA FÉ 213
BIBLIOGRAFIA... 251

Prefácio

Missões se faz com os pés dos que vão, com os joelhos dos que oram e com as mãos dos que ofertam.

Sem dúvida, essa sentença é verdadeira por descrever três pilares de sustentação da obra missionária: ir, orar e ofertar. Mas a frase não descreve todas as ações do trabalho missionário. Creio que deveríamos acrescentar pelo menos mais uma parte do corpo humano para descrever outra atividade na obra missionária: a cabeça. Por abrigar o cérebro, essa parte do corpo nos remete à capacidade de pensar estrategicamente. Não se faz missões sem estratégia. Este livro nos mostra a importância disso através do relato da vida do saudoso Pr. Tymchack.

Um dos desafios de toda estratégia missionária é a mobilização dos recursos para as atividades fins, sejam eles humanos, financeiros, de inteligência ou outros. Para alcançar esse propósito, a Junta de Missões Mundiais (JMM), em 2012, acrescentou um quarto pilar aos três usualmente utilizados: a mobilização. Embora já houvesse bastante investimento no setor, como nos relata este livro, o *upgrade* se fazia necessário para que todos pudessem compreender que essa atividade é fundamental para o cumprimento da Grande Comissão. Os representantes estaduais e regionais deixaram de ser assim chamados e passaram a ser missionários mobilizadores. Não foi apenas uma mudança de nomenclatura, mas uma mudança de mentalidade. A ideia não era mais ser apenas a presença da organização, mas ser um sinal claro da ação missionária que é a mobilização.

Sim, mobilização é atividade missionária, pois sem ela não há oportunidades intencionais de despertamento de vocações, de decisões por apoiar o trabalho missionário através de orações e ofertas. A mobilização cumpre a Grande Comissão ao conscientizar a todos que a tarefa de alcançar todos os povos é de cada cristão. Cada um de nós tem um papel exclusivo na obra missionária. E esse papel tem muitas oportunidades e formas de ser exercido. A mobilização permite que conheçamos melhor as oportunidades e as formas. Uma das maneiras de isso ocorrer é a atividade voluntária no papel de missionário mobilizador voluntário adotado pelas agências da Convenção Batista Brasileira há alguns anos.

Apesar de ser tão importante para o cumprimento da Grande Comissão, faltava à mobilização missionária no Brasil material teórico e prático para que mais pessoas pudessem ser capacitadas para essa atividade. A obra do querido Pr. Ezequiel Brasil Pereira veio suprir de forma esplêndida tal lacuna. Um livro que abrange as diversas áreas da mobilização, dando suporte teórico à atividade, e que também é enormemente prático, permitindo que qualquer pessoa possa utilizar os conhecimentos dele depreendidos.

Contribuiu muito para isto a vivência do autor que por muitos anos foi representante da JMM e missionário na Itália, bem como, pastor batista comprometido com a obra missionária. Seu envolvimento com a atividade de mobilização, com certeza, o capacitou a isso e o fez prosseguir na pesquisa extensa que fez para poder nos presentear com este precioso livro. Sua paixão pela obra missionária o faz seguir no trabalho de mobilizar para missões independentemente do papel que esteja cumprindo. Dessa forma, o autor não apenas nos brinda com seu livro mas também com sua vida.

Que você seja muito abençoado com a leitura, e que seu compromisso com a Grande Comissão aumente para que vejamos seu cumprimento ainda neste século. Este alvo — o cumprimento da Grande Comissão neste século — é conhecido na mobilização da JMM como CM21: Completar a Missão neste século. Sem dúvida, a obra do Pr. Ezequiel Brasil nos ajudará muito nesse intento.

Pr. João Marcos Barreto Soares
Diretor executivo da Junta de Missões Mundiais da CBB

Todavia, não me importo, nem considero a minha vida de valor algum para mim mesmo, se tão-somente puder terminar a corrida e completar o ministério que o Senhor Jesus me confiou, de testemunhar do evangelho da graça de Deus.

(ATOS 20:24 NVI)

DEPOIMENTOS

Ezequiel, parabéns, pela iniciativa de escrever um livro de forma tão abrangente e rica em informações relevantes ao tema de captação de recursos, solidamente, baseada na Bíblia e com inúmeros cases de sucesso, bem como mostrando o caminho àqueles que querem adentrar ao mundo da captação de recursos.

David Urbat
Secretário Nacional do Ministério Os Gideões Internacionais no Brasil, docente nacional do Haggai na área de finanças.

Com o livro Os Bastidores da Missão, somos brindados com uma obra valiosa. Ele é para todos os que precisam escrever projetos e buscar recursos para sua sustentabilidade. Esta área, ainda não desenvolvida em nosso país, tem agora mais uma referência bibliográfica para organizações que se desenvolvem a partir da fé cristã. A obra apresenta o fundamento bíblico para a arrecadação de fundos, bem como apresenta muitos exemplos práticos e inspiradores como isso tem sido feito. No final de cada capítulo, há um resumo e pequenos exercícios para fixação dos conteúdos e reflexão. Recomendamos a sua leitura.

Erní Walter Seibert (Rev. Dr.)
Diretor Executivo da SBB - Sociedade Bíblica do Brasil

Este trabalho traz uma nova visão do papel altamente relevante do mobilizador. Muitas vezes as pessoas pensam que é uma função menos nobre, mas percebemos que ela é excelente, fundamental e indispensável no trabalho de missões. Os mobilizadores, são arautos da fé que tocam a trombeta para que o povo enxergue os desafios, ore, contribua e se envolva para cumprir a missão. O livro nos ensina a luz de I Coríntios 14:8, que o sonido certo é capaz de levantar um grande exército que estará disposto a ir aos campos, interceder ou segurar as cordas como bem nos lembra William Carey. Parabéns, espero que esse material chegue nas mãos de quem realmente, precisa.

Marcio Santos
Diretor executivo da Convenção Batista Mineira.

Estou pessoalmente convencido que o Espírito Santo delegou ao pastor Ezequiel Brasil a missão de abrir as cortinas e apresentar a engenharia que se desenvolve atrás do palco missionário, antes, durante e depois da execução de cada projeto, desde uma pequena obra filantrópica até à implantação de igrejas, com impactos sociais relevantes. Cabe-nos, como participantes da Missão de Deus, conhecer, utilizar e divulgar essa rica estratégia, com a precisão, a urgência e a celeridade possíveis, em função da expansão do Reino de Deus no Brasil e no mundo, cujas portas encontram-se escancaradas para o Evangelho de Cristo Jesus.

Aluísio Laurindo
Pastor Metodista e Capelão Militar (Ref)

Que livro interessante! Ele aborda assuntos que ardem o coração dos apaixonados por Deus!

Ler sobre "contar histórias" partindo de pastor de adultos me deixou contente! Como professora de crianças, sempre falo da fundamental importância da História. As histórias da Bíblia.

A história missionária inspira, encoraja, emociona e levanta outros que escrevem novas histórias. São elas um instrumento simples e curioso da graça de Deus em propagar missões.

Viviene Morais
Professora da APEC - Aliança Pró Evangelização das Crianças

Quando "Os Bastidores da Missão", chegou em minhas mãos, me encontrava em um momento de reflexão acerca de como poderia me tornar mais íntimo de Deus e de como poderia servi-Lo melhor? Fui surpreendido por um texto simples, porém valioso, pois me fez reviver alguns aspectos da prática da Missão e ainda me trouxe à memória que há esperança de nos achegarmos mais a Ele, apenas cumprindo o seu mandado. "Os Bastidores da Missão", nos leva por um caminho metódico e envolvente, com passos firmes em direção ao que é essencial no Reino de Deus, cumprirmos o IDE em todo o tempo, em todo o lugar e com a plena provisão do alto. Desde a mobilização, passando pela captação dos recursos, as estratégias e os projetos inspirados na fé, este "verdadeiro manual" é uma luz para o caminho que a Igreja dever percorrer para alcançar povos de todos os cantos, línguas e nações.

Esdras Dias
Secretário Geral da Convenção Batista Nacional

Este livro chega em um momento de grande interesse pelo trabalho missionário no Brasil. Creio que ele é relevante para transformar o desejo em ação e investimento significativo, ampliando a contribuição da igreja brasileira.

Márcio Lugão
Diretor Executivo da OM no Brasil - Navio Logos Hope

Estatísticas recentes mostram que uma alta percentagem dos missionários que saem ao campo, volta para suas casas antes dos cinco anos, porque ficaram sozinhos financeiramente. Este livro nos apresenta uma perspectiva bíblica, pratica e metodológica, para fazer uma captação de recursos com excelência que ajude tanto a missionários, como a agencias missionárias a fazer o melhor pelas almas e pelo Reino de Deus. Será uma grande ferramenta nas mãos do apaixonado leitor.

Ronelx Aguilar Villavicencio
Missionário da Hug - Associação de Cuidados Missionários.
Ex Coordenador da Área Infantil das Juntas de Missões das Convenções Batistas de Cuba Oriental e Cuba Ocidental.

Este livro vem preencher uma importante lacuna nos textos até agora publicados no tema de missões, isso porque o autor de maneira magistral consegue unir boa pesquisa, fundamentação bíblica em todos os capítulos com casos práticos, e ao final de cada capítulo ele ainda nos brinda com atividades para reforçar a compreensão do conteúdo. É muito bom irmos num culto ou numa conferência missionária e assistirmos os lindos testemunhos dos missionários e missionárias, mas muitas vezes não nos damos conta dos bastidores que estão por traz de todos os empreendimentos missionários. Pastor Ezequiel de maneira eloquente não nos dá o peixe, mas nos ensina a pescar com toda a sua experiência missionária no Brasil e fora.

Estou certo e já orando ao Senhor da seara que use poderosamente o texto que você tem em mãos como ferramenta de trabalho para a glória de nosso Deus e a expansão do Seu Reino.

Welinton Pereira da Silva
Diretor de Advocacy e Relações Institucionais da Visão Mundial.

Este será um guia prático para todos os mobilizadores de missões em língua portuguesa. Precisamos de materiais como esse para avançarmos ainda mais no propósito de alcançar os povos. Só uma pessoa com uma bagagem como a sua poderia ter escrito tão bem sobre esse tema. Gostei demais do tópico sobre storytelling e como contar histórias que inspiram as pessoas a fazerem parte da mobilização.

Marcus Milhomem
Coordenador do Movimento Perspectivas (GO)

INTRODUÇÃO

Trabalhar na mobilização missionária, oferece uma visão do que Deus está fazendo no mundo, tanto nas megacidades, quanto nos vilarejos mais distantes da terra. Assim, visualizamos os desafios, trabalhamos com os cenários formados por várias frentes de batalha, somos deslocados constantemente para dar assistências aos nossos missionários *no front* entre povos não alcançados, e baseados em necessidades e estratégias, como também nos recursos, definimos novas áreas de plantação de igrejas, o que invariavelmente, nos leva a enfrentar situações difíceis.

A batalha espiritual se materializa na perseguição aos cristãos: morte, tortura e escravidão de quem confessa Jesus Cristo como Senhor e Salvador. Ela se manifesta através de leis e burocracia governamental que fecham as portas ao evangelho. Está presente na cultura corrompida pelo pecado, na feitiçaria, nas enfermidades inexplicáveis para a ciência, na confusão entre líderes e todas as obras das trevas. Esta narrativa, poderia ser roteiro de filme, mas é real, e este como um flash do que acontece com missões todos os dias, nem sempre é percebido por quem vive nas igrejas da zona de conforto. Tudo isto é interessante, no entanto, um dos fatos que mais me fascina em missões, é a aplicação da história de João Chinês, narrada por Oswald Smith, que aqui nesta obra, você terá a oportunidade de rememorar ou conhecer.

Os Bastidores da Missão, faz alusão a minha história, fragmentos de reflexões e projetos de filantropia cristã, como também, atribuições ao trabalho de uma equipe fantástica de mobilizadores da Junta de Missões Mundiais. Relato de experiências a partir de situações vivenciadas dentro do contexto das igrejas da Convenção Batista Brasileira, memórias que desejo partilhar, multiplicar, assim como abençoar, para a honra e glória do nome do Nosso Senhor Jesus Cristo.

Quero dividir com você o que aprendi através da JMM, esta, que investiu na capacitação e treinamento dos Missionários Mobilizadores. Te convido a abrir esse livro, como se estivesse abrindo uma porta, à novas descobertas. Vou revelar "os bastidores da mobilização e captação de recursos", assim você não precisará cometer as mesmas escorregadelas que cometi, desta forma não terá de fazer exatamente, os equívocos o qual fiz, porque, quando compartilho minhas experiências e conhecimento, você tem a oportunidade de reelaborar o seu pensamento e tomar decisões melhores.

Aqui você usufrui de informações acerca de como fazemos nosso trabalho e como envolvemos igrejas grandes e pequenas. Aliás, é bom deixar explícito também que, não é o tamanho ou o orçamento da igreja que fará diferença em missões, evangelização e filantropia cristã.

O trabalho ocorre segundo a capacidade de cada um, também de acordo com a competência de cada igreja, somados ao planejamento, persistência e entusiasmo. São de pequenas contribuições recorrentes que fazem grande diferença nos orçamentos. É a moedinha que sustenta o trabalho missionário e a filantropia cristã, ela se transforma em grandes contribuições, quando são realizadas com regularidade.

O texto que você tem em mãos, é resultado das viagens missionárias, congressos, anotações de reuniões, encontro de promotores de missões, palestras, treinamentos e minicursos de mobilização e captação de recursos, cartas e depoimentos missionários que foram escritos e catalogados por algum tempo. Em momento oportuno, outros materiais ainda poderão ser disponibilizados para edificação de mais vidas.

Inicialmente, a abordagem é sobre a perspectiva bíblica e histórica, a qual temos a oportunidade de destacar a "mobilização" na Palavra de Deus, tal como conhecer sobre o trabalho dos mobilizadores, Andrew Fuller, Luter Rice e Ann Judson. Sendo assim, segue-se a definição, os passos da mobilização e o storytelling de missões, que são narrativas conhecidas como testemunho missionário.

O diferencial é que para cada tipo de ação deve haver uma narrativa específica. Se o foco for captação de recursos, a storytelling deve focar da mesma forma e inspirar a captação de recursos. A história que motiva a mobilização deve ser com um propósito específico. Posteriormente, é tratado sobre a captação de recursos, o conceito, a logística e a perspectiva bíblica, os valores éticos para realizar a captação de recursos, por que das motivações, e o porquê das pessoas contribuírem ou deixarem de colaborar, ainda os porquês das estratégias, quais as perspectivas bíblicas sobre estratégias, também as várias sugestões para captação de recursos e suas histórias de sucesso. Você vai observar que algumas palavras ou frases, estão em negrito ou são repetidas no texto, isso ocorre devido a sua importância e necessidade didática, já que o livro também é destinado a estudantes. Por fim, como elaborar projetos, definição de projeto e programa, esboços e modelos de projetos, todos sempre acompanhados por histórias reais.

CAPÍTULO 1

MOBILIZAÇÃO

Havia sido, justamente, convidado para falar sobre mobilização missionária e captação de recursos, ocasião que recebi o depoimento do meu amigo Mubarak sobre "Mobilização e o Campo Missionário". Tanto ele, quanto eu, tínhamos iniciado nosso trabalho como promotores de missões na igreja local. Posteriormente, começaríamos a trabalhar como mobilizadores, de agências missionárias, que por sinal era um trabalho bem maior, com dedicação integral. Como resultado desse trabalho de mobilização, foram enviados vários missionários para a América do Sul, África, Ásia, Oriente Médio e Europa. E além do Mubarak e da Amira que foram para o Oriente Médio, outros mobilizadores que fizeram parte da minha equipe também se tornaram missionários na Ásia; o Ael e Bel Oliveira, o Leandro Tinoco (hoje representante da Bless China International - BCI, e líder da Agência Conectar). Além deles, havia ainda o Marcus Vinícius Reis e a Joyce Helena, que estavam de passagem por Goiânia fazendo a mobilização pela Horizontes América Latina, para um projeto missionário em Marrocos, mas posteriormente à minha mentoria, definiram fazer um projeto com crianças em situação de risco, em Goiânia, que se estendeu para outras cidades.

Esse projeto cresceu muito, ficou bem estruturado e foi impressionante o alcance em todo o estado de Goiás. Já o Mubarak, depois de uma deportação e mais de 14 anos em um país do Levante, estava de volta para um tempo de cuidados com a família, e enquanto isso, voltou a trabalhar na mobilização para mais tarde retornar para o campo missionário. Ainda, ao ajudar um amigo com uma caravana de voluntários no norte do Chile com os aimarás, e nos Andes peruanos com os quéchuas, passei um tempo na Itália trabalhando em um projeto missionário com imigrantes, e ao retornar ao Brasil, mesmo assumindo uma igreja, continuei investindo na mobilização missionária e criando condições para enviar outros missionários.

Para mim, todo conhecimento e formação acadêmica, pastorear uma igreja, cooperar em uma instituição teológica, servir através da capelania, mentoria de pastores e líderes ou assumir qualquer outra função, deve sempre estar conectado na promoção, mobilização e logística missionária, para que o evangelho chegue a todos os povos e que Jesus Cristo seja glorificado.

Minha paixão é mobilizar, ensinar e treinar líderes, para transformar vidas, para a glória de Deus. A mobilização, é a oportunidade de inspirar e influenciar pessoas; ensinar e treinar, é a oportunidade de utilizar as ciências e as profissões, para uma boa logística, estratégias e projetos, para enviar ou, ir simultaneamente através dos missionários, e alcançar pessoas para que glorifiquem a Deus.

A mobilização também alarga a visão missionária para que cada igreja local se volte para fora, e proclame a palavra de Deus simultaneamente em todas as casas, vielas, ruas, avenidas, vilas, aldeias, distritos, nas cidades, nas regiões metropolitanas, na região geopolítica maior e nos extremos da terra, bem como entre os grupos étnicos presentes na cidade, e os grupos sociais excluídos e marginalizados, para

> Mobilização inclui ensino de missões, organização de oração persistente pelos povos não alcançados e mentoria de outros mobilizadores para chegar a uma maior eficiência.

que Cristo seja honrado, exaltado e glorificado entre todas as nações, tribos, povos e línguas em todo lugar.

O desafio da mobilização é muito grande. Se estende de missões transculturais, à missões com ribeirinhos, sertanejos quilombolas e missões urbanas.

São mais de 7 mil povos[1] no mundo, não alcançados pelo evangelho. Se considerarmos o mesmo critério da ONU quanto a números de habitantes na definição de cidades, então temos algo semelhante, não propriamente cidades, mas sim "Janelas Étnicas" que formam contingentes de imigrantes equivalentes a pequenas cidades acima de 20 mil habitantes presentes nas 55 cidades globais e 41 megacidades (ou megalópoles), para onde convergem os imigrantes. Há 340 etnias indígenas[2] reconhecidas no Brasil, 27 delas são completamente isoladas e 10 são parcialmente isoladas, 121 delas são pouco ou não evangelizadas. Há 37 mil comunidades de ribeirinhos, e destes, 10mil comunidades precisam ser alcançadas com o Evangelho. 2 mil quilombolas e 6 mil assentamentos sertanejos sem uma igreja evangélica. Dos 700 mil ciganos da etnia Calon, apenas mil são evangélicos.

No Brasil, soma-se ainda aos desafios da mobilização, o trabalho de missões urbanas, que precisa alcançar os imigrantes de cerca de 100 países e destes, 27 são nações fechadas ao evangelho. Dos 9 milhões de surdos existentes no Brasil, apenas 1% deles se declaram cristãos. Há, ainda a categoria econômica; precisam ser alcançados pelo evangelho, os mais ricos dos ricos e os mais pobres dos pobres, dentre eles, os moradores de rua e andarilhos. Os dependentes químicos, prostitutas e grupos LGBTs. As tribos urbanas como os hippies, góticos, punks, grafiteiros, pagodeiros, sertanejos, funkeiros, rappers, metaleiros, rastafáris e outros. Por fim, há também os serviços de capelania; hospitalar, prisional (capelania da liberdade, ou carcerária), escolar e universitária, fúnebre, empresarial, parlamentar, pós desastre (ou situação de desastres e calamidades), portuária, policial, militar e capelania civil junto aos militares.

[1] Joshua Project (https://joshuaproject.net/)
[2] Relatório Indígenas do Brasil, DAI-AMTB (2010).

Cabe ao mobilizador, conhecer, desenvolver projetos inspirados na fé, e compartilhar os desafios de cada área, para que o evangelho de fato alcance a todos em todo lugar.

Sendo assim, a igreja local deve ser uma agência de intercessão, de proclamação da Palavra de Deus, de mobilização e de envio de missionários. Segundo Hawthorne e Zuidema:

> Mobilização é uma forma especializada de enviar, que aumenta a visão e o envolvimento de muitas outras pessoas na obra de cumprir a evangelização mundial. Mobilização inclui ensino de missões, organização de oração persistente pelos povos não alcançados e mentoria de outros mobilizadores para chegar a uma maior eficiência. Quando olhamos para toda a obra missionária entendemos que mobilizadores são tão essenciais quanto os próprios missionários (Hawthorne e Zuidema. 2009, p.105).

CASE: MOBILIZAÇÃO E O CAMPO MISSIONÁRIO

Enquanto estava ensinando membros do governo a linguagem dos Surdos[3]- árabes, tinha que lidar com toda discrição e cuidado para que não descobrissem que sou um missionário. Caso isso acontecesse, poderia colocar em risco a missão. Aqui o proselitismo é proibido, se descobrissem, com certeza seria deportado pela segunda vez de um país do Oriente Médio, e os irmãos da missão seriam presos ou poderiam ser mortos por muçulmanos da própria família.

Por um instante, meus pensamentos vão longe. Me recordo da minha angústia, e da aflição da minha esposa quando estive preso no Egito, sendo deportado em seguida. Na sequência lembro também, que aqui cheguei, porque um dia um promotor de missões havia me falado do desafio missionário no Oriente Médio. Por isso, hoje quero compartilhar sobre a importância do promotor e mobilizador na Missão de Deus de alcançar o povo Surdo e ouvintes no Oriente Médio.

A mobilização tem sido fundamental para o avanço de missões e gerado frutos no campo missionário de forma maravilhosa, se destacando por exemplo, dentre os muitos trabalhos realizados, a

---

[3] O "S" maiúsculo de Surdo, é uma reivindicação e iniciativa dos Surdos no mundo. Com "S" maiúsculo se afirma que os Surdos são um povo que possui identidade, idioma e cultura própria.

Casa Cultural para Surdos, que é um projeto comprometido com a inclusão e evangelização do Surdo árabe na região do Levante. O projeto foi fundado em 2006 e conta hoje com uma boa credibilidade no país e com uma rede de contato com mais 500 Surdos. Hoje contamos com o apoio da Embaixada do Brasil e do corpo diplomático em um país do Levante, além de organizações humanitárias, do povo e também do governo local, influenciando os ouvintes sobre a necessidade de conhecerem melhor os Surdos. Conseguimos introduzir o ministério com Surdos em duas igrejas e em duas escolas privadas. Cooperamos na formação de policiais para falarem a língua de sinais. Damos assessoria às empresas que contratam surdos e os capacitamos para o mercado de trabalho.

Oferecemos curso de Inglês e árabe para Surdos. Pois, apenas 5% dos Surdos sabem ler e escrever a língua escrita, assim possibilitamos aos Surdos criarem uma rede ainda maior de comunicação. Oferecemos curso de língua de sinais, pois os Surdos do Oriente Médio não sabem a sua língua. Desta forma, inserimos os Surdos na própria cultura do Surdo, onde ele pode falar o que quiser usando a própria língua, e para alcançá-los é necessário que eles falem e valorizem a própria língua primeiro.

O projeto aproveita o natal para falar do verdadeiro significado do nascimento de Cristo. Como estamos trabalhando em meio aos muçulmanos, nem sempre temos oportunidade de falar abertamente para um grupo grande de pessoas ao mesmo tempo, como temos no natal. Viagens a locais turísticos com o grupo de Surdos é a oportunidade que temos para contar as histórias do local, do ponto de vista bíblico, o que para nós é uma oportunidade de estudo bíblico ao ar livre. As histórias são absorvidas de forma positiva nesse contexto.

Uma ocasião, a missionária Amira estava falando com uma menina surda, quando do nada ela referiu-se a Bíblia. Assim, ela pode explicar para ela o que era a Bíblia. Muitos muçulmanos pensam que a Bíblia toda é o evangelho ou que o evangelho é todo o novo testamento. Hoje, temos a primeira família de convertidos como missionários atuando no Oriente Médio, em missão entre o próprio povo. Por serem de origem muçulmana eles podem ir à cidade de Meca, levando as boas novas aos Surdos que ali vivem, coisa que um missionário de origem cristã não pode fazer. Embora não se perceba, todo esse trabalho também é resultado da ação do mobilizador e promotor de missões. Sem esse apoio, os missionários não seriam capazes de superarem as dificuldades espirituais e financeiras do campo missionário.

Outra área que a mobilização tem causado efeito é no ministério esportivo do Oriente Médio. As crianças que vivem em situação de risco em campos de refugiados, cidades do interior, vilarejos e orfanatos, tem acesso ao evangelho de forma criativa. Tanto o missionário, fruto da mobilização, e os voluntários brasileiros que trabalham como treinadores, visitam famílias que estão recebendo a Palavra de Deus e encorajam os que já estão servindo ao Senhor.

No Oriente Médio eu tive o prazer de fazer parte de um projeto que nasceu no coração de uma missionária de origem muçulmana, na área de esporte. No início o projeto contava com apenas dois árabes e 10 missionários estrangeiros. Nos primeiros acampamentos esportivos os missionários tinham que fazer de tudo durante os 5 dias de evento. Nesse dia, após 10 anos de projeto a liderança é formada por mais de 70 árabes e participam mais de 150 adolescente e jovens. Os missionários foram para outras áreas, já que os nativos pegaram o DNA missionário. Fazer parte de um projeto como esse, nos leva a ver a importância dos mobilizadores, que falam de missões, despertando os vocacionados a irem até aos povos não alcançados. A mobilização também desperta intercessores e mantenedores. De outra forma equivale dizer que, mobilizadores, promotores de missões, intercessores e mantenedores, vão juntos para o campo missionário. **Para ganhar os povos não alcançados tudo começa na mobilização dos crentes.** Sem essa mobilização os povos não serão alcançados. São os mobilizadores que levam às igrejas as informações da realidade e da oportunidade de levar as boas novas a todos os povos da terra.

Ibrahim Mubarak

JMM

Junho de 2018

CONCEITO MILITAR DE MOBILIZAÇÃO

Mobilização é de origem militar e significa ato de reunir e preparar tanto tropas como provisões para uma ação militar. Segundo o Dictionary of Military and Associated Terms[4]. US Department of Defense 2005, mobilização é:

> O ato de reunir e organizar recursos para apoiar objetivos nacionais em tempo de guerra ou outras emergências. O Processo pelo qual as Forças Armadas são trazidas para um estado de prontidão para a reserva de componentes como a montagem e organização de pessoal, suprimentos e material.

Também segundo o Glossário das Forças Armadas do Brasil:

> Mobilização militar – Conjunto de atividades planejadas, empreendidas e orientadas pelo Estado, desde a situação de normalidade, com o propósito de preparar a expressão militar para a passagem da estrutura de paz para a estrutura de guerra, para fazer frente a uma situação de emergência decorrente da iminência de concretização ou efetivação de uma hipótese de emprego.
> Mobilização Nacional – Conjunto de atividades empreendidas pelo Estado, ou por ele orientadas, desde a situação de normalidade, complementando a logística nacional, com o propósito de capacitar o Poder Nacional a realizar ações estratégicas, no campo da Defesa Nacional, para fazer frente a uma situação de crise político-estratégica decorrente da iminência de concretização ou efetivação de uma hipótese de emprego. Mobilização – Preparo.

PERSPECTIVA BÍBLICA DA MOBILIZAÇÃO

A mobilização, mesmo como conceito militar, também está presente na história bíblica conforme se pode observar nestes textos:

> Saul e os israelitas mobilizaram-se de seu lado e acamparam no vale do Terebinto, pondo-se em linha de combate contra os filisteus (1 Samuel 17:2 Versão Católica).

---

[4] Military mobilization. (n.d.) Dictionary of Military and Associated Terms. (2005). Retrieved July 3 2018 from https://www.thefreedictionary.com/Military+mobilization

> Ouvindo os moabitas que aqueles reis vinham atacá-los, mobilizaram todos os que estavam na idade de pegar em armas e foram para a fronteira (1 Reis 20:1 Versão Católica).
>
> De volta a Jerusalém, Roboão mobilizou as tribos de Judá e de Benjamim, em número de cento e oitenta mil guerreiros escolhidos, para atacar a casa de Israel e reintegrá-la ao reino de Roboão. (2 Crônicas 11:1 Versão Católica).

UM CHAMADO PARA A MISSÃO

Mobilização, também possui como significado pôr (-se) em ação (conjunto de pessoas) para uma tarefa ou uma campanha. É um chamado e uma convocação.

> Ao amanhecer, chamou seus discípulos e escolheu doze deles, a quem também designou como apóstolos (Lc 6:13 NVI).
>
> Logo ao nascer do dia, convocou seus discípulos e escolheu dentre eles, doze, a quem também designou como apóstolos (Lc 6:13 KJA).
>
> Chamando os Doze para junto de si, enviou-os de dois em dois e deu-lhes autoridade sobre os espíritos imundos (Mc 6:7 NVI).
>
> De Mileto, Paulo mandou chamar os presbíteros da igreja de Éfeso (At 20:17 NVI).
>
> Logo depois, Jesus foi a uma cidade chamada Naim, e com ele iam os seus discípulos e uma grande multidão (Lc 7:11 NVI).

Nestas referências bíblicas, ainda podemos ver como ocorreu o processo de mobilização de Jesus e do apóstolo Paulo: Mateus 4:18-20; Mateus 4:21-25; Atos 17:34; Atos 17:1-4.

Como se pode observar nos textos bíblicos, a mobilização é um chamado para uma missão. É o primeiro passo que se deve dar para iniciar projetos, programas e trabalhos missionários.

A mobilização é um ministério que trabalha com a paixão e identificação das pessoas por uma causa, o que gera mais voluntários, recursos materiais e financeiros. Ela é parte, e ao mesmo tempo é resultado de estratégias, que fazem entrar em campanha um conjunto de forças voluntárias tendo como propósito, inspirar pessoas para transformar pessoas, e conectar pessoas a recursos para desenvolver projetos e plantar igrejas que glorifiquem a Deus em todas as nações da terra

> A mobilização é um ministério que trabalha com a paixão e identificação das pessoas por uma causa, ela inspira pessoas para transformar pessoas, e conecta pessoas a recursos para desenvolver projetos e plantar igrejas.

Através da mobilização, se apresenta a causa que atrai voluntários e na sequência, ao estimular e encorajar pessoas a aderirem a causa, a mobilização proporciona imersão na missão, defini prioridades e estratégias. Ela atua com precisão e razão a partir de ferramentas de comunicação, para apresentar projetos que proporcione experiência em missão de curto prazo, e em campos missionários com significado relevante. E apesar da mobilização trabalhar com a paixão das pessoas por uma causa, a motivação final para a ação deve ser o compromisso e a responsabilidade com a gestão cristã bíblica dos dons, habilidades, profissão e relacionamentos concedidos por Deus, afinal o cristão é abençoado para ser um abençoador, e empregar estes dons, habilidades, profissão e bom uso das oportunidades e dos relacionamentos, como sinais do Reino e sacrifícios que agrada a Deus, como se observa no texto bíblico;

> Não se esqueçam de fazer o bem e de repartir com os outros o que vocês têm, pois de tais sacrifícios Deus se agrada (Hb 13:16 NVI).

Há estudantes e profissionais autônomos que gostariam de fazer estágio de missão transcultural ou participar de missões por um curto período em aldeia indígena, sertanejos, quilombola, ciganos, população ribeirinha, favela ou campos de refugiados. Existem voluntários e recursos financeiros para todas as causas, e muitos querem se envolver com algo que lhes aqueça o coração, seja protegendo os animais, as crianças em situação de risco ou servindo em uma situação de desastres e calamidades, mas não sabem como. É aí que entra o trabalho de mobilização.

PERSPECTIVA HISTÓRICA DA MOBILIZAÇÃO

A história de missões modernas também registra a atuação dos que permaneceram na retaguarda trabalhando na logística; cooperando com intercessão, promovendo missões, enviando candidatos e viabilizando recursos financeiros. Neste contexto se destaca Andrew Fuller, que pode ser chamado literalmente de "patrono da mobilização missionária", por ser aquele que lutou e defendeu conscientemente a causa da mobilização e captação de recursos, para desenvolver projetos e plantar igrejas que glorifiquem a Deus em todas as nações da terra. O resultado dessas ações foi de tal magnitude, que o alcance do trabalho de Guilherme William Carey foi muito significativo para a transformação da Índia e a quebra de paradigmas em missões, podendo ser comparado a importância de Lutero para a Reforma Protestante. Interessante destacar ainda que para Pierson:

> Carey, corretamente chamado de "pai das missões modernas, não era um evangelista. Ele trabalhou para acabar com as práticas de infanticídios e do "suttee", a queima de jovens viúvas junto ao corpo de seus maridos. Ele estabeleceu o Colégio Serampore, iniciou pesquisas em horticultura e, junto com seus colegas, traduziu as Escrituras completas ou em partes para mais de trinta línguas (PIERSON, 2005, p.14).

O que geralmente, não é lembrado é, como foi possível Carey ser sustentado durante tanto tempo para que realizasse esse trabalho que deu novo impulso à propagação do Evangelho? Ainda segundo Bledsoe:

> Embora Carey seja legitimamente reconhecido como o pai do Movimento Missionário Moderno, deve ser observado que há outros [...] que se sentiram chamados para "segurar as cordas" pela causa de Carey [...] pelo levantamento de fundos e de oração. Um deles, já mencionado, era pastor Andrew Fuller (1754-1815). Ele praticamente sacrificou sua saúde e seu ministério pastoral para promover a tarefa missionária entre os batistas ingleses para que eles orassem e doassem para esse novo empreendimento missionário. Além de servir como líder principal da Sociedade Batista Missionária (1792), Fuller foi um batista particular, pastor de uma igreja local e um brilhante teólogo, que escreveu para combater heresias que ameaçavam as igrejas durante seus dias (BLEDSOE, 2015, p.63).

Andrew Fuller[5], foi pastor e teólogo Batista, que se tornou conhecido como promotor do trabalho missionário. Nasceu em Wicken, Cambridgeshire em 6 de fevereiro de 1754 – e morreu em 7 de maio de 1815 em Kettering, uma cidadezinha de 3 mil habitantes em Northamptonshire. Pastoreou duas igrejas durante sua vida de ministério, Soham (1775-1782) e Kettering (1782-1815), que agora é a Igreja Batista Fuller.

Fuller e um pequeno grupo de pastores batistas, incluindo William Carey, formou a Sociedade Missionária Batista - BMS em 2 de outubro de 1792. Ele mais do que ninguém, sentiu o fardo do que significava que William Carey e John Thomas deixariam tudo para serem enviados a Índia sob a dependência de Deus. Um dos pastores dessa pequena equipe, John Ryland (1753-1825), registrou a história de onde veio a famosa analogia de "sustentar a corda". Ele escreveu o que disse Carey na ocasião:

---
[5] Acedido em 30.06.18 https://en.wikipedia.org/wiki/Andrew_Fuller

> Nosso compromisso com a evangelização da Índia realmente me pareceu, em seu começo, ser algo semelhante a alguns poucos homens, que estavam deliberando sobre a importância de entrar em uma mina profunda, que nunca antes havia sido explorada, e não tínhamos ninguém para nos guiar; e enquanto estávamos assim deliberando, Carey, então disse: "Bem, eu vou descer, se vocês segurarem a corda". Mas antes que ele descesse...ele, como me pareceu, fez com que, cada um de nós fizesse um juramento, na entrada do poço, para esse efeito – que "enquanto vivêssemos, nunca soltaríamos a corda (MORDEM IN PIPER, 2016, p.21).

Segundo John Piper:

> Fuller atuou como o principal promotor, pensador, angariador de fundos e escritor de cartas da sociedade missionária por mais de vinte e um anos. Ele segurou a corda com mais firmeza e maior consciência do que qualquer outra pessoa. Viajava e falava continuamente para ampliar a mobilização e o apoio para a missão. Assumiu o papel principal na seleção de novos missionários, e escrevia regularmente para os missionários no campo e para as pessoas em casa (PIPER, 2016, p.21-22).

Semelhante ao efeito dominó, os trabalhos de mobilização tanto de Fuller, quanto a ação missionária de Carey, deram origem a uma sequência semelhante de mobilização e envio de missionários na Inglaterra e nos EUA, Adoniram Judson (1788-1850), com sua esposa Ann Judson (1789-1826), Luther Rice (1783-1836), e um casal de nome Mills, sentiram-se inspirados a seguirem os passos de Carey na evangelização da Índia. Rice depois de um tempo na Índia, volta aos EUA para o trabalho da mobilização, e segundo Bledsoe:

> Ele foi incrivelmente usado para promover missões e organizar os batistas na América do Norte para a causa missionária. Rice foi estratégico na formação de várias sociedades missionárias, descobriu outras novas, que ele ajudou, e conduziu os batistas à criação da famosa Convenção Trienal (CT), (BLEDSOE, 2015, p.66).

E ainda:

> Essa Convenção tinha como finalidade difundir a luz evangelística em todos os lugares escuros da terra. Ou seja, ela tinha a intenção de apoiar servos transculturais e também cumprir fins missionários de outras maneiras possíveis. A sua formação foi significativa por ter sido a primeira organização de alcance nacional para os batistas na América a cooperar (MCBETH IN BLEDSOE, 2015, p.66).

Segue-se daí que, tanto Rice como Ann Judson, também se tornaram grandes motivadores através de cartas às igrejas batistas, para que continuassem fazendo doações para missões. Eles tinham consciência para quem estavam trabalhando. Em muitas nações e muitas denominações ao longo da história, tem surgido mobilizadores para a glória de Deus. Pastores fizeram e outros ainda fazem, dos seus púlpitos a plataforma de missões, influenciando e mobilizando além das suas respectivas igrejas e denominações. Oswaldo Smith da Igreja dos Povos em Toronto, Canadá, foi um dos pastores que mais influenciou outros pastores, igrejas e denominações no mundo inteiro, despertando-as e mobilizando-as para missões. Ele também usou uma analogia, semelhante a Carey sobre a necessidade de "sustentar as cordas", em que diz:

> Suponhamos que uma criança caísse dentro de um poço. Quem receberia a recompensa: Aquele que segurasse a corda e descesse outra pessoa até o fundo do poço para resgatar a criança, ou ambos? Deus ensina que ambos seriam recompensados. Aquele que se coloca à beira do poço e possibilita a descida do outro até o fundo para salvar a criança, tem tanto direito à recompensa como aquele que desce. Talvez você não tenha condições para descer até o fundo do poço; talvez você nunca tenha o privilégio de pisar em um campo missionário no exterior. Porém, você pode segurar a corda. Pode possibilitar que outra pessoa vá. Você pode enviar um substituto. E se fizer assim, contribuindo com seu dinheiro, o seu galardão será tão grande quanto a recompensa daquele que for ao campo missionário (SMITH, 2002, p.82).

Dentre muitos mobilizadores e estrategistas na história da igreja cristã, os missionários presbiterianos Ralph e Roberta Winter[6] contribuíram de forma inigualável para a propagação do evangelho entre os povos não alcançados. Foi a partir do Congresso de Evangelização Mundial em Lausanne em 1974, promovido pela Associação Billy Graham, que Winter apresentou a necessidade de mudança na estratégia global de missões, do foco, fronteiras políticas para um foco em grupos de povos étnicos distintos, alegando que, em vez de priorizar países, as agências missionárias precisavam atingir os milhares de grupos de pessoas em todo o mundo, mais da metade dos quais ainda não foram alcançados com a mensagem do Evangelho. Winter contribuiu também com o conceito em que, o evangelho avança mais rápido, quando as agências missionárias, cooperam entre si, de forma estratégica. Segundo Billy Graham, "Ralph Winter não só ajudou a promover evangelismo entre muitas agências missionárias ao redor do mundo, mas através das suas pesquisas, treinamentos e publicações, ele acelerou a evangelização mundial."

Roberta Winter foi uma grande escritora, professora e pessoalmente, uma mobilizadora de missões e Dr. Ralph D. Winter, antes de sua morte em 2009, foi reconhecido pela revista TIME como um dos 25 evangélicos mais influentes dos EUA. Eles ainda fundaram a Frontier Mission Fellowship, e Frontier Ventures e Venture Center, em Pasadena, na Califórnia, que deu origem a William Carey International University e ao Perspectivas, o maior movimento de mobilização mundial.

Perspectivas[7] é um movimento internacional que une cristãos no propósito de pensar e promover seu envolvimento na tarefa de glorificar a Deus entre todos os povos.

---
[6] https://www.frontierventures.org/about/founder
[7] https://perspectives.org/About#/HTML/our_history_and_ministry_vision.htm

O start do movimento ocorre através de 12 encontros de reflexão sobre a *Missio Dei*, nas perspectivas Bíblica, Histórica, Cultural e Estratégica. O movimento promove uma reflexão sobre a Glória de Deus como objetivo principal no desenvolvimento do sacerdócio universal dos crentes, o engajamento de pastores, líderes e leigos no cumprimento da Grande Comissão, e promove a integração entre igrejas locais e organizações missionárias.

No Brasil, um púlpito que se destacou por se transformar em uma plataforma de mobilização missionária, foi o da Primeira Igreja Batista de Santo André, São Paulo através do ministério do Pr. Edson Queiroz (1948-2016), que estendeu a plantação de igrejas para 42 frentes missionárias no mundo. Queiroz se tornou conhecido como um grande mobilizador de missões, influenciando muitas denominações. Divulgou a visão missionária em toda a América Latina, ensinou e desafiou pastores e igrejas grandes e pequenas a fazerem missões, confiando em um Deus grande, a iniciarem um movimento de oração, a treinarem para evangelização pessoal, a contribuírem financeiramente, a enviarem novos missionários e a associarem com outras igrejas na realização da tarefa missionária. Criou e liderou ainda o movimento 40 dias de jejum e oração que se estendeu por muitas denominações em todo o Brasil.

É importante também destacar o trabalho realizado pelo estrategista e mobilizador David Botelho (1952-xxxx), e Cleonice Botelho (1954-xxxx), da Horizontes América Latina. Inicialmente, como missionários dos batistas na Bolívia, cooperaram na plantação de igrejas, construíram uma escola, consultório médico e trabalharam no combate à fome infantil. A visão de atuar na mobilização de igrejas, surgiu após a visita ao Níger. Cleonice e David Botelho sentiram-se compelidos por Deus a recrutarem 100 jovens entre a igreja evangélica brasileira, para trabalharem no norte da África. Sendo assim, segundo depoimento do ex missionário, da Horizontes América Latina, Marcus Vinícius Reis que trabalhou na mobilização:

David Botelho constituiu um grupo com os 18 primeiros missionários que visitaram mais de 200 igrejas promovendo o Projeto África Sahel, levantando mais de 300 mil dólares através desse trabalho de mobilização, para as despesas de viagem, aluguel, equipamentos e toda logística necessária[8].

A partir dessa experiência no Níger com o Projeto África Sahel, aos poucos foi surgindo o Projeto Radical tendo como objetivo mobilizar missionários do Brasil e de outros países da América Latina para o trabalho na Janela 10-40. O Tymchack ao conhecer o Projeto Radical, levou a JMM a adotar a mesma estratégia, que mais tarde foi seguida também pela JMN. Dessa forma, David Botelho ampliou sua ação de mobilização entre as igrejas para despertamento de vocacionados, investiu na publicação de literatura de missões, criou novos projetos e promoveu a captação de recursos. Para Tymchak:

> O David Botelho [...] tem sido usado por Deus para conscientizar as igrejas evangélicas em geral para a gloriosa tarefa da evangelização dos povos, mui especialmente dos povos que habitam a chamada Janela 10-40, onde estão 95% dos que nunca ouviram falar sobre Jesus Cristo (TYMCHAK, in Botelho, 2005, p.11).

É óbvio, que há outros líderes evangélicos que são referências na mobilização missionária, no entanto este trabalho está longe de se esgotar, e representa apenas uma perspectiva de ações que ampliaram suas influências. Foram mobilizações multiculturais, por abranger outras nações, povos e grupos étnicos, e a partir do Brasil, por terem criado parcerias entre agências missionárias e denominações.

> "O que planta e o que rega têm um só propósito, e cada um será recompensado de acordo com o seu próprio trabalho. Pois nós somos cooperadores de Deus; vocês são lavoura de Deus e edifício de Deus". (1 Co 3:8,9)

---

[8] Depoimento para este autor.

CASE: MOBILIZAÇÃO NO AMBIENTE VIRTUAL

Quando havia chegado à pandemia da COVID-19, as igrejas da Convenção Batista Brasileira estavam em plena campanha de mobilização missionária de missões mundiais, e não poderiam parar. E, ao serem surpreendidas com o caos e as incertezas desse novo tempo, o desafio foi usar a criatividade e buscar novas oportunidades para o cumprimento da missão, entre as quais, a mobilização no ambiente virtual.

O mobilizador João M. Florentino reuniu pastores, líderes, promotores de missões das igrejas locais, através de salas virtuais, em plataformas como Zoom Meetings e Google Meet. Para ele a pandemia possibilitou uma nova descoberta: a mobilização em ambiente virtual. De repente, irmãos e irmãs de todo o Brasil, especialmente das áreas mais remotas, que antes não participavam da mobilização presencial, agora conversavam diretamente com os mobilizadores e missionários transculturais dos lugares mais distantes e inimagináveis do globo. Foram também organizadas lives pelo setor de promoção da JMM e as igrejas locais, com os missionários falando diretamente do campo missionário em outros países.

O mobilizador Florentino afirma que foi uma emoção indescritível e uma grande inspiração para todos os envolvidos, seja para o missionário que pode receber todo afeto e apoio das igrejas, quanto para as próprias igrejas envolvidas na transmissão; muitas delas, pela primeira vez, tiveram acesso ao missionário em seu programa, o que antes não era possível na mobilização presencial.

Essa experiência, por sua vez, permitiu ampliar o relacionamento com os mantenedores, dando-lhes a oportunidade de participarem de grandes eventos virtuais. Assim, foram lançados os congressos e simpósios missionários, capacitações para promotores, e até viagens virtuais.

Os congressos foram o ponto alto dessa experiência. Eventos de dois dias, seguindo o mesmo programa dos eventos presenciais, com celebrações e palestras unindo todos os inscritos através dos canais da JMM no Youtube, Facebook, Instagram ou grandes salas do Zoom Meetings, e com oficinas com temas de interesse, distribuídos em salas simultâneas.

Além disso, uma novidade nestes congressos foram as salas de aconselhamento. Durante todo o programa, mobilizadores e missionários ficaram disponíveis para receber e orientar os participantes que foram alcançados pelas mensagens e testemunhos. Os interessados entravam em uma sala principal onde eram acolhidos e em seguida encaminhados para salas exclusivas, conforme a decisão que tomaram: conversão, vocação, voluntariado, intercessão e contribuição.

Já os simpósios foram espaços para reflexões acerca de questões ainda desconhecidas ou mal interpretadas sobre perseguição religiosa, vocação e missão. E as capacitações de promotores cuidaram do preparo para mobilização das igrejas locais. Estes eventos em geral tiverem um programa com a duração de 2 a 3 horas.

Os frutos desta mobilização estão hoje sendo colhidos no Brasil, com a ampliação da participação da grande maioria das 9.079 igrejas e 4.661 congregações filiadas à CBB na campanha de missões mundiais, além do crescimento das ofertas e da apresentação de vocacionados e voluntários para seguirem ao campo.

E lá no campo, fruto do suporte, orações e contribuições, a JMM está presente em 79 países, com cerca de 1.860 missionários em atuação (autóctones, voluntários e efetivos) os quais só no ano de 2021 alcançaram: 427.896 beneficiados pelos projetos de desenvolvimento comunitários e humanitários; plantaram 171 novas igrejas; realizaram 1.475 batismos; alcançaram 58.450 pessoas que confessaram Jesus Cristo como Senhor e Salvador.

As adversidades da pandemia da COVID-19 trouxeram uma nova realidade. As interações virtuais estão presentes em todas as regiões e em todos os grupos sociais, daí ser fundamental que a mobilização missionária se aproprie de todas as plataformas e tecnologias disponíveis, tornando-se ponte entre os discípulos de Jesus e os grandes desafios da missão.

PRIMEIROS PASSOS DA MOBILIZAÇÃO

A mobilização começa com uma pessoa, é um chamado *face to face*. O responsável por uma missão, precisa fazer um chamado, uma convocação, e alguém precisa ser convencido. Somente faz o chamado da mobilização, quem tem uma história inspirativa para compartilhar. Posto desta forma, é preciso considerar que, quem faz a convocação, já tem sua mente e coração na causa. De outro modo, se quem faz a convocação não estiver convencido da causa, não será bem-sucedido em fazer a multiplicação. E se de fato a causa for a paixão de alguém, o resultado dessa ação, será uma equipe liderada por um mobilizador e uma rede de promotores de missões.

Uma mobilização bem-sucedida, se faz com planejamento, persistência e entusiasmo, na sequência isso se torna em um movimento de multiplicadores que será constituída por simpatizantes, por promotores de missões e uma pessoa para liderar os demais com perfil de liderança, o mobilizador. Aqui começa a ser revelado o segredo da mobilização bem-sucedida, o planejamento, persistência e uma história inspirativa para compartilhar.

> Somente faz o chamado da mobilização, quem tem uma história inspirativa para compartilhar.

Após as primeiras ações da mobilização, a rede de promotores é construída gradativamente, semelhante ao processo de discipulado. O mobilizador também faz discípulos de missões. Ele identifica líderes potenciais, formadores de opinião e pessoas estratégicas comprometidos com o reino, seleciona e treina multiplicadores da promoção missionária.

Uma rede de promotores de missões se faz necessária em razão de um conjunto de desafios enfrentados para a ampliação e manutenção do trabalho missionário. O primeiro e mais importante desafio ocorre entre a informação, comunicação e propagan-

> Uma mobilização bem-sucedida, se faz com planejamento, persistência e entusiasmo,

da. A não compreensão deste processo fatalmente, comprometerá a campanha missionaria e seus objetivos em mobilizar voluntários e captar recursos. As informações sobre missões devem chegar com velocidade em todas as igrejas e todos os lugares com qualidade.

No processo de informação, a ação é unilateral de uma pessoa ou organização que deseja passar um conteúdo para outra, enquanto que no processo de comunicação a ação exige feedbacks, há uma interação entre emissor e receptor. O mobilizador e o promotor, são treinados para que o conteúdo das informações seja de fato comunicados, que haja envolvimento que provoque reações e respostas, e isso ocorre através de uma boa história, bem contada, conhecida como "testemunhos missionários", ou histórias que devem ser selecionadas sobre os desafios missionários, tema da campanha de missões.

O objetivo da propaganda, é influenciar as pessoas para uma ação. E para que ocorra reações e respostas, o promotor recorrerá ao material de propaganda que será difundido entre o público receptor. Somado a esse desafio, temos a veiculação das informações e distribuição de material de propaganda em um nicho formado por igrejas em morros, favelas, pequenas cidades distantes dos grandes centros e regiões metropolitanas.

MOBILIZAÇÃO COM STORYTELLING

Relatos que tratam da intervenção e da manifestação do poder de Deus, e os relatórios do campo missionário, quando ilustrados por histórias com propósito no contexto de missões, são storytelling de missões, mais conhecidas como "testemunho missionário".

Todo promotor, mobilizador e missionário, deve estar familiarizado e ter domínio em contar histórias que sejam relevantes.

Sem história, não haverá mobilização, estratégia ou captação de recursos. É o storytelling que conecta pessoas a uma causa e leva pessoas ao engajamento. Histórias encantam, dão forças e cativam pessoas a ação. Segundo Jerome Bruner, uma ação tem 20 vezes mais chance de ser lembrada se estiver ligado a uma história. Logo, uma história boa e bem contada, tem o poder de criar uma relação que beneficia o narrador, neste caso, o promotor, mobilizador ou missionário. O estreitamento dessa relação, narrador e ouvinte, gera o engajamento necessário para alavancar as doações de uma maneira indireta, subjetiva e muito mais emocional. Mas afinal, o que realmente é storytelling?

Storytelling, palavra formada por duas outras em inglês, "story", história, e "telling" que se refere ao ato de narrar e, mais especificamente, às narrativas, é a arte de contar histórias com propósito. Segundo Rez:

> Storytelling é a capacidade de contar histórias de maneira relevante, onde os recursos audiovisuais são utilizados juntamente com as palavras. É um método que promove o seu negócio sem que haja a necessidade de fazer uma venda direta. Em outras palavras, o storytelling tem um caráter muito mais persuasivo do que invasivo[9].

Ainda segundo Rez;

> Uma história interessante é a soma de alguns fatores muito bem alinhados: vocabulário adequado, enredo inteligente e provocativo, personagens que representem anseios, dores e a realidade daqueles que receberão a mensagem em questão, além de elementos e suporte visual, tais como: imagens, ilustrações, vídeos e similares – compondo uma colcha de retalhos capaz de emocionar, entreter e persuadir o seu receptor.

Nunez define storytelling como:

> A arte e a técnica utilizada para contar qualquer tipo de história: de um filme ou uma campanha publicitária a uma informa-

---
[9] https://novaescolademarketing.com.br/marketing/o-que-e-storytelling/ Acedido em 28.07.18

ção comercial ou a apresentação de uma empresa.
(NUÑEZ IN PARENTE, 2017, p.9).

Segundo a Rock Content[10]; Storytelling nada mais é do que a capacidade de transmitir pensamentos, ideias e fatos através de uma narrativa fluida, relevante e coesa. Resumindo, é tudo sobre "saber contar uma boa história". De acordo com Guber:

> Para ter sucesso, você deve persuadir os outros a apoiar sua perspectiva, causa ou seu sonho. Quer você queira motivar seus executivos, organizar seus acionistas, moldar sua mídia, engajar seus clientes, conquistar investidores ou conseguir um emprego, você tem que fazer um chamado que atrairá a atenção de seus ouvintes, transformar seu objetivo no deles e fazê-los agir a seu favor. Você tem de atingir seus corações assim como suas mentes – e isto é exatamente o que contar histórias faz! (GUBER, 2013, p.3).

No caso da storytelling O Poder da Intercessão[11], após a publicação na Revista Manancial da União Feminina Missionária Batista, a narrativa atraiu, uniu e motivou outras pessoas voluntariamente, a se engajarem no trabalho de plantação de igreja, bem como apoiarem com seus recursos materiais e financeiros. Como afirma ainda Guber; "toque o coração de seus ouvintes, e seus pés e dinheiro vão segui-lo".

CASE: O PODER DA INTERCESSÃO

Estava aguardando o ônibus para retornar à minha casa, após o culto de 3ª feira, à noite, e encontrava-me sozinho em lugar ermo, totalmente escuro e perigoso, embora não soubesse que aquele lugar representasse algum perigo. Já havia algum tempo que aguardava o ônibus e parecia que ele demorava mais, à medida em que aumentava minha impaciência para sair logo dali. Percebi que, de longe vinham dois indivíduos em minha direção; parecia que se

---

[10] https://marketingdeconteudo.com/storytelling-guia/ Acedido em 28.07.18
[11] PEREIRA. E. B. O PODER DA INTERCESSÃO. Manancial, ano 42, no 02, 2T96, p.16, Rio de Janeiro: UFMBB, 1996. A história ocorreu na plantação da Igreja Batista Santos Dumont, em Goiânia - GO

dirigiam ao meu encontro e, por um momento, esqueci-me daqueles dois elementos e divaguei em meus pensamentos.

Não vi o momento de poder chegar em casa, tomar um banho quente e comer alguma coisa, apesar de ser bem tarde, e eu encontrei-me cansado, pois havia trabalhado muito durante o dia. Mas, o que fazer se eu tinha que realizar aquele culto? Aliás, foi uma benção; havia muitas pessoas presentes. O sermão foi sobre a necessidade da intercessão pela intervenção de Deus na comunidade local e por missões. A congregação precisava orar mais, pensava eu. Estava ainda em meus pensamentos, quando de repente, lembrei-me dos dois sujeitos. Eles se aproximavam em silêncio por trás de mim. Cheguei a pensar em correr. Mas correr para onde? Estava um de cada lado. Teria de enfrentá-los? Mas eu sou apenas um! Deveria correr para o meio do asfalto?!

Em pensamento orava: Senhor, quero ver agora o teu poder, quero ver agora o teu cuidado e proteção para comigo; estou aqui por tua causa. Avancei para o meio da rodovia. Os carros passavam rapidamente, e não paravam. Logo, surge um ônibus. Caminho firme, passo apressado, fico quase no meio da pista. O ônibus avança aceleradamente, os ladrões recuam, como que por precaução e, meio frustrados, vão se afastando.

O ônibus, porém, não era um coletivo urbano e passa direto. E então, eles voltam com mais disposição em minha direção, eu podia vê-los e julgar que sorriam de satisfação, iriam me alcançar. Agora sim, nem para o meio da rodovia adiantaria correr, porque ela ficara deserta. Não havia carro, não havia casa, não havia luz. Não havia enfim, o que fazer, nem para onde correr. Nisso percebo que era inevitável o assalto, e mais, queriam me pegar por trás. Concluí que queriam me machucar.

Algo de extraordinário acontece naquele exato momento. Vinha um ônibus vagarosamente, deslizava acompanhando o declive da rodovia e que por problemas na bateria, o farol estava apagado. Mas de repente, ele dá um tranco, acende o farol e ainda em movimento vem em minha direção com a porta aberta. O farol que brilhava alto, pegou-me em cheio como se eu estivesse sob as luzes de um palco. Os ladrões vieram com muita vontade e, quando finalmente, me alcançaram, o ônibus chegava ao meu lado. Pulei no veículo ainda em movimento; o motorista nem se deu ao trabalho de parar, e ali mesmo acelerou mais ainda. Oh Deus, obrigado pelo livramento. Orei apenas assim. Os malfeitores ficaram para trás e eu fui embora, aparentemente, tranquilo. Não fiquei nervoso em momento algum. Somente mais tarde, quando cheguei em casa, e à medida em que falava à minha esposa, eu tremia e batia o queixo narrando o episódio.

Ela me interrompeu dizendo:

— Eu estava orando por você, por sua segurança. Pedi a Deus que o guardasse e o livrasse do mal.

E mais uma vez eu disse em oração:

— Obrigado, Senhor. Apenas isso.

Naquela noite, dormi pensando no amor que Deus tem por mim. No culto subsequente, ainda na quinta feira da mesma semana, falei sobre as respostas às nossas orações, narrando o que me havia acontecido. Quando termino de falar, uma irmã diz com simplicidade:

— Pastor, depois que o senhor foi embora, após o culto, ficamos preocupados, e quando o senhor sumiu no escuro, nós voltamos, paramos em frente ao portão da igreja, e começamos a orar por sua proteção, e fomos embora somente mais tarde, oramos para que Deus o guardasse pela estrada.

Com isso, fiquei imaginando como podemos mudar o curso da história quando estamos em comunhão com Deus, no tempo em que estamos sensíveis à voz do Espírito Santo e discernimos que naquele momento alguém precisa das nossas orações.

A oração foi um dos métodos que Deus escolheu para dirigir o mundo e nós somos os instrumentos que ele escolheu para este método.

Você já pensou que neste momento alguém precisa das suas orações?

Que alguém em algum lugar precisa de você?

Ezequiel Brasil Pereira
Abril de 1996.

O PADRÃO DAS STORYTELLING

Como pode se observar, o storytelling possui um padrão formado por forte apelo emocional, dor, problemas, conflitos e às vezes há suspense, tudo isso cria uma conexão com o ouvinte. Após a história, dependendo do público e como for narrada, o ambiente estará pronto para a ação. Segundo Xavier:

> Sem elementos de referência que acrescentem relevância e identificação ao que se está dizendo, nada acontece. Uma boa história nos fisga nesses dois pontos e nos mantém conectados com ela.
> As histórias contadas por Jesus aconteciam em uma região onde predominavam atividades agropastoris. Daí as alusões ao bom pastor, às sementes lançadas na estrada, à videira com seus ramos etc. Uma realidade totalmente distante da nossa, mas que nem por isso nos desconecta (XAVIER, 2015, p.28).

Diante do exposto, observa-se que inúmeras histórias bíblicas que retratam traição, suicídio, amor, romance, dor, superação, conflitos, etc. dão sentido a uma mensagem relevante e prendem a atenção. E além dessas, histórias, há ainda as parábolas tanto no Velho Testamento quanto no Novo Testamento, que de igual modo são histórias que emocionam, fazem pensar, criticar e ensinar aos ouvintes. Não é por acaso que todas elas se encontram na Bíblia, são histórias com propósito da mesma forma como são as *storytelling* de missões. Semelhantemente, a vida do missionário no campo, também lhe possibilitará um conjunto de experiências que servirão como ricas fontes para promover a ação missionária e a filantropia inspirada na fé.

Nas oportunidades para falar em conferências, seminários e congressos, a prioridade deve ser as histórias, nunca um sermão, salvo aplicações bíblicas que podem ser feitas de acordo com as narrativas. O promotor, mobilizador e missionário devem sempre, priorizar as histórias do campo, associando-as aos projetos e à captação de recursos. Os sermões e estudos, com as devidas exceções, ficarão por conta de mobilizadores quando designados especificamente, bem como para missiólogos e pastores preparados para esta função.

Ainda se pode destacar que o promotor, mobilizador e o missionário devem catalogar suas histórias, escrever e reescrevê-las muitas vezes, até que tenham um bom formato, sem repetições desnecessárias. Também é importante que tanto o promotor quanto o mobilizador sejam as pessoas que mais vão passar adiante as histórias dos missionários. Eles, retornarão ao campo de trabalho transcultural, enquanto seus projetos deverão ser apresentados sempre com uma história que aqueça o coração. Uma das necessidades do mobilizador visitar o campo missionário, ocorre em razão de entrar em contato com a cultura do missionário e interagir com suas experiências, para que possa compartilhar com maior autoridade.

Por fim, é inegociável definir uma história dentre as muitas experiências, e escrever a storytelling de missões. É importante limitar a storytelling a 07 minutos, e somente em uma situação especial, com uma tolerância em 10 minutos. Nunca, jamais, *never, never* ultrapasse 10 minutos. Comece a storytelling sem delongas, vá direto ao assunto. Para se chegar a esse limite de tempo, escreva a storytelling muitas vezes e depois compartilhe a narrativa com um familiar ou amigo próximo, que lhe fará observações e limitará seu tempo. Um excelente treinamento, é gravar sua história em áudio e você mesmo ouvir de olhos fechados. Faça isso várias vezes. Posteriormente, grave em vídeo e assista para corrigir sua expressão e postura, e se puder contar com a ajuda de um profissional, será excelente.

A IMPORTÂNCIA DA MOBILIZAÇÃO

A evangelização é a propagação dos ensinos dos apóstolos, não deve ser a esmo, sem direção e sem sabedoria. Para que a Grande Comissão seja cumprida, é imprescindível a otimização e maximização do tempo e do espaço, dos recursos humanos, materiais e financeiros, diante dos desafios da urgência da evangelização. É preciso aproveitar muito bem cada oportunidade e "Remir o tempo" (Ef 5:15-16), para que todos os imigrantes e grupos étnicos presentes nas grandes cidades, sertanejos e ribeirinhos, e todas as pequenas cidades e vilarejos do mundo sejam alcançados, e assim "fazer discípulos em todas as nações".

Ao observar o texto de Atos 1:8 "Mas recebereis poder, ao descer sobre vós o Espírito Santo, e sereis minhas testemunhas tanto em Jerusalém como em toda a Judeia e Samaria e até aos confins da terra", podemos destacar que a evangelização deve ocorrer tanto na cidade (Jerusalém), quanto em toda região de abrangência maior em volta de Jerusalém (Judéia), como também entre o povo excluído ou minorias (Samaria), e até os extremos da terra. Portanto, quem se compromete e participa da missão evangelizadora, precisa recorrer a mobilização, estratégias e logística, para que ocorra esta ação missionária de ir à cidade, ir a região de abrangência maior, ir a povos ocultos por barreiras culturais e étnicas presentes nas cidades, e ir aos extremos da terra. É o mobilizador que cria as condições para que o missionário seja enviado, ao atrair pessoas para a causa, levantar intercessores que inflamem o coração da igreja, mantenedores para o sustento e viabilizar recursos materiais para os projetos.

Sem o mobilizador e o promotor, poderá faltar intercessores por mais trabalhadores na seara, poderá carecer de vocacionados, poderá faltar visão e paixão pelos perdidos. Por analogia ao texto de Romanos 10:14-15, se faltar mobilizador, o missionário provavelmente, não será enviado, porque faltará recursos financeiros para o sustento da família e faltará as condições para executar o trabalho. Se o missionário não for enviado, não haverá quem pregue as Boas Novas de salvação, logo, não existirá pessoas para confessar que Jesus Cristo é o único Senhor e Salvador. É preciso mais mobilizadores que despertem intercessores e paixão pelas almas perdidas. Quem dará sequência ao trabalho de Fuller, Rice e Ann Judson?

A ação do mobilizador e promotor de missões gera conversões, batismos, reconciliações, socorro a crianças em situação de risco, recuperação de dependentes químicos e uma série de resultados, que somente são possíveis, porque o mobilizador e promotor estão trabalhando para a manutenção, ampliação, sustento missionário e plantação de igrejas. Há ainda a necessidade de motivar igrejas e líderes que por uma série de contingências perdem o foco em missões e estabelecem outras prioridades. Necessidade de ampliar a participação financeira nas captações recorrentes (Plano Cooperativo, Programa de Adoção Missionária), ofertas para o dia especial de missões e ainda a necessidades de desenvolver uma rede de voluntários que possam empregar seus dons, habilidades, relacionamentos e recursos.

O LUGAR DA MOBILIZAÇÃO

Para que o missionário seja bem-sucedido na frente de batalha, o mobilizador deve levantar mantenedores, intercessores e igrejas que trabalhem na retaguarda, conforme se pode observar na analogia entre a mobilização de natureza militar e a mobilização missionária.

> A ação do mobilizador e promotor de missões gera conversões, batismos, reconciliações, socorro a crianças em situação de risco, recuperação de dependentes químicos.

> Sem a mobilização em tempos de guerra, os soldados nunca poderiam chegar ao campo de batalha. As batalhas não poderiam ser travadas; as guerras não poderiam ser vencidas. A Mobilização é crucial para a ação de guerrear. Na maioria dos exércitos, para cada soldado que luta nas frentes de guerra, de 10 a 15 outras pessoas são necessárias para dar apoio àquele soldado com suprimentos, táticas, tecnologia, comunicação e cuidados médicos. A Mobilização é muito mais do que levar o soldado à frente de batalha, completamente equipado com tudo o que é necessário para executar o plano de batalha. Ela envolve milhares de pessoas trabalhando por trás das cortinas, que estão oferecendo apoio e recursos aos soldados (JASON, 2016, p.3).

Davi Botelho lembra que; "entre os irmãos morávios, para cada missionário enviado, havia 12 membros na igreja, com o objetivo de levantar recursos para o sustento e projetos missionários". O que fica evidente é que, sem uma boa retaguarda não haverá vitória no campo de batalha, por semelhança, os que trabalham na mobilização e captação de recursos, são essenciais para que o missionário seja bem-sucedido, como também **não acontecerá conquista de novos campos missionários sem o trabalho do mobilizador.**

A HISTÓRIA PODE SER MUDADA[12]

"Se, pois, declarou Dwight L.Moody, "dez homens se entregarem completamente a vontade de Deus, poderão mudar o mundo." Deus disse a Abraão (Gn 18:32): "Não destruirei a cidade por amor aos dez" Mas, ainda se não houver 10 completamente entregues a vontade de Deus, mesmo assim a história pode ser mudada.

"Também lhes digo que se dois de vocês concordarem na terra em qualquer assunto sobre o qual pedirem, isso lhes será feito por meu Pai que está nos céus. Pois onde se reunirem dois ou três em meu nome, ali eu estou no meio deles". (Mt 18:19-20). Existem,

---
[12] Revista Mensagem da Cruz (julho-setembro 1983 – N° 61).

porventura, na terra DOIS que assim concordam – com Cristo e em Cristo orando no Espírito por um reavivamento na igreja? Feliz o homem ou a mulher que é um destes! Se, porém, você for um dos milhares que tem de se entregar a oração sozinhos, lembre-se da promessa gloriosa feita aquele que em secreto, busca a Deus: "Teu Pai que vê em secreto, te recompensara" (Mt 6:6). Lembre-se também de Jacob em Peniel, de Moisés em Midian, de Daniel na Caldéia, de Neemias em Susan, de Paulo na Arábia, de João em Patmos, do Nosso Senhor no Getsemani! Como tem ocorrido tantas vezes no passado, a história pode ser mudada. Até mesmo por um só!

Alguém já disse, e estas palavras estão em plena harmonia com todos os ensinos do nosso Senhor Jesus sobre a oração, que, se surgisse um *só* homem que realmente cresse, a história do mundo poderia ser mudada. "Busquei entre eles um homem que tampasse o muro e se colocasse na brecha perante mim a favor desta terra, para que eu não a destruísse" (Ez 22:30). Que Deus, na sua infinita misericórdia e compaixão por este mundo perdido, levante este homem.

> "As orações dos homens salvaram cidades e reinos da ruína. A oração tem ressuscitado os mortos, feito cessar a violência do fogo, fechado a boca das feras, alterado o curso da natureza, causado chuva no Egito e a ausência dela no mar. A oração fez o sol voltar no seu curso, e a lua parar, e rochas e montanhas se moverem. Ela cura enfermidades sem o uso de remédios; faz os remédios realizarem a obra da natureza; a natureza, a da graça; e a graça, a obra de Deus... Nada mais há para ser dito sobre esta questão, a não ser: que devemos colocá-la em prática" (JEREMY TAYLOR, Capelão do Rei Charles I, 1613-1667 d.C.).

CASE: QUANDO A PAIXÃO ENCONTRA UMA CAUSA[13]

Meu nome é Ryan, eu sou de Kendall, Ontário – Canadá, e esta é minha história:

Aos 06 anos fui impactado em minha escola ao saber que muitas crianças não podiam estudar porque tinham que trabalhar buscando água em lugares contaminados e com isso adoeciam e morriam. Para mim isso não era justo, porque eu pensava que todos deveriam ter água limpa como eu tinha em minha torneira.

Então, eu tive uma grande vontade de levantar recursos para construir poços artesianos. Na minha ingenuidade achava que poderia resolver o problema da escassez d'água no mundo e eliminar também o problema de água contaminada. Tomei a decisão de fazer pequenos trabalhos para meus vizinhos e em meu bairro, pensando levantar recursos para construir um poço com água potável. Logo, levantei 70 dólares. Ainda faltava muito para construir um poço que custava 2 mil dólares. No entanto continuei apaixonado pela ideia que continuou crescendo dentro de mim. Outras pessoas começaram a me ajudar e com isso alcancei 900 dólares, depois 6 mil dólares e depois 45 mil dólares.

Naquela época eu tive que fazer meu primeiro discurso no Rotary Club Kempo. Eu era uma criança que tinha dificuldades para falar, fiz tratamento com uma fonoaudióloga. Imagine o quanto isso foi difícil para mim, pronunciar palavras. Foi provavelmente, o pior discurso já falado, mas eu era apenas um garoto que queria fazer diferença na vida de outras crianças e lentamente, eu percebi que poderia falar com as pessoas, e tornar o projeto cada vez menos meu, e mais das pessoas que se envolviam com a causa, para que o projeto fosse de todos. Felizmente, o projeto não exigiu muitas palavras, apenas 09 palavras para ser exato. PESSOAS ESTÃO MORRENDO PORQUE ELAS NÃO TÊM ÁGUA POTÁVEL.

Eu era um garoto ingênuo, mais teimoso o suficiente em achar que poderia aos 06 anos obter água potável para crianças na África, e em 1999 alcancei meu objetivo de construir um poço artesiano em uma escola primária de Uganda. Quando fui conhecer a escola, fui

---
[13] Versão deste autor. Acessado em 30.06.18 https://www.youtube.com/watch?v=jvPftkOfmFY

recebido por mais de 5 mil pessoas que celebraram com uma festa, porque agora tinham água potável. Eu não havia percebido que algo tão pequeno tivesse um impacto tão grande na vida daquelas pessoas. Então eu vou fazer o que for possível para ajudar pessoas a ter água potável. Isso reduz a mortalidade infantil e dá a comunidade a oportunidade de construir um futuro melhor.

Os resultados inspiraram outras pessoas que somaram esforços para continuarem construindo poços artesianos. Creio que pensaram assim: - Se o Ryan, uma criança normal, conseguiu, nós também podemos ajudar. Hoje, criamos a Ryan Fundação do Bem, já perfuramos mais de 800 poços, construímos mais de 1100 sanitários e ajudamos mais de um milhão de pessoas em 16 países. Tudo começou com 70 dólares e agora são mais de 6 milhões de dólares.

Isto é o poder de parcerias. Você nunca é muito jovem, e nunca é muito velho para fazer diferença na vida das pessoas.

Ryan Hreljac

PASSOS PARA DESENVOLVER A MOBILIZAÇÃO

Crie uma equipe com formadores de opinião, levante informações sobre os possíveis mantenedores, sobre líderes e igrejas dinâmicas e motivadas e líderes e igrejas que não são dinâmicas e motivadas, erga informações sobre os desafios missionários e projetos sociais. Prepare relatórios acerca das últimas ações realizadas e como foram aplicados os recursos financeiros. Observe as seguintes sugestões:

- Inclua formadores de opinião: O mobilizador ou promotor deve ser um *influencer*, e ao mesmo tempo trabalhar com outras pessoas influentes que irão contribuir com a publicidade testemunhal. Ele é bem informado, normalmente, é uma pessoa carismática, se faz presente em ocasiões que são especiais para seus amigos, colegas e conhecidos. Outros são ainda formadores de opinião digital, são produtores de conteúdo, utilizam seus canais para influenciar comportamentos tanto na internet, como fora dela. Ele responde comentários, atrai visibilidade, é criativo e trata de assuntos de interesse de seus seguidores. Ele explora boas oportunidades e conquista a simpatia de muitas pessoas. Os formadores de opinião são da própria organização missionária, líderes de departamentos, líderes de igrejas, seminaristas, coordenadores de projetos, funcionários, etc. Observe que esta necessidade está em sintonia com o texto bíblico;

> "Completem a minha alegria, tendo o mesmo modo de pensar, o mesmo amor, um só espírito e uma só atitude" (Fp 2:2).

- Inclua uma equipe de adolescentes na mobilização;
- Trabalhe com associações e igrejas estratégicas na realização de congressos, seminários e conferências sobre gratidão e generosidade. Os assuntos a serem tratados são perspectivas bíblicas sobre trabalho, dinheiro, mordomia, orçamento, associativismo, cooperativismo, gratidão e generosidade;
- Trabalhe com conjunto de igrejas que tem visão e contribuem com missões, captação de recursos através de adoção de projetos missionários (Programa de Adoção Missionária e captação recorrente através do Plano Cooperativo);
- Trabalhe com conjunto de igrejas que não tem visão e não contribuem;
- Faça pesquisa permanente sobre diagnóstico de igrejas e líderes;
- Divida o Estado e ou região eclesiástica, região metropolitana da capital e grandes cidades em regiões e microrregiões;
- Disponibilize cursos de missões e discipulado de missões com pequenos grupos;

- Crie oportunidades para encontros com pastores e líderes investir em relacionamentos;
- Faça a campanha do Plano Cooperativo simultâneo a campanha para fidelização de dizimistas na igreja local: Trata-se de uma captação recorrente, em que os dízimos dos dízimos são empregados na expansão missionária. Esta campanha deve ser realizada da mesma forma como ocorre a campanha de missões estaduais[14]; com folders e cartazes, vídeos, informações, programa para o culto, arte para boletim e redes sociais. A fidelização de dizimistas, fortalecerá a campanha do Plano Cooperativo. A campanha de captação de recursos do Plano Cooperativo, deve atender as necessidades das igrejas com material sobre boa gestão de recursos financeiros familiar, na igreja, e fidelização de dizimistas. O objetivo de uma campanha do Plano Cooperativo é também o crescimento das receitas das igrejas.
- Celebre o dia do Plano Cooperativo (4º domingo de outubro).
- Faça captação de recursos através de histórias inspirativas.
- Providencie folders, mídia digital para redes sociais, banners para site, propaganda para boletins de igrejas;
- Crie a Rede de Missões formada pelo Conselho de Mobilização Missionária e Captação de Recursos, Missionário Mobilizador e Promotor de missões;
- Tenha material impresso que explique as necessidades de Voluntários;
- Apresente a causa e conte uma história. Todo voluntário, tem sua própria rede de contatos. Por isso, após o treina-

---

[14] No contexto dos Batistas, são realizadas 03 campanhas missionárias durante o ano. Janeiro a março - Missões Mundiais; maio a julho - Missões Estaduais; setembro a novembro - Missões Nacionais. Algumas associações de igrejas Batistas, ainda costumam realizar uma quarta campanha missionária destinada a evangelização local.

mento, estabeleça os limites até onde o voluntário pode atuar e falar em nome do projeto social ou desafio missionário, que ele trará mais voluntários e recursos materiais e financeiros.

PROCESSO DE MOBILIZAÇÃO

- Planejamento estratégico;
- Plano de ação;
- Especificação do alvo desejado;
- Prospecção de voluntários, doadores e fontes de recursos;
- Relacionamento com fontes de recursos;
- Apresentar a causa;
- Envolvimento com a causa;
- Aplicação específica na causa;
- Prestação de contas;
- Agradecimentos;
- Reconhecimento;
- Doador como exemplo de envolvimento com a causa;
- Convite para divulgar a causa.

O sucesso da mobilização e captação de recursos, está relacionado diretamente, aos missionários mobilizadores e promotores treinados, motivados e focados.

QUEM É O MOBILIZADOR

O mobilizador é um missionário capacitado e focado única e exclusivamente, na missão de promover missões, mobilizar voluntários, mapear uma região ou associações de igrejas, organizar a rede de promotores, treinar equipes, criar estratégias para captação de recursos materiais e financeiros.

O mobilizador inspira, motiva e conecta vocacionados às oportunidades estratégicas, para viver e trabalhar dentro do propósito global de Deus. Ele seleciona, orienta e direciona o voluntário segundo a vocação e interesse de cada pessoa. Organiza seminários, conferências e congressos. Ele leva os mantenedores para conhecer projetos missionários, promove viagens missionárias ao campo transcultural, promove a propaganda das ações missionárias, campanhas missionárias.

O mobilizador representa a organização missionária e é também responsável pelo relacionamento com os mantenedores. Ele facilita o acesso aos eventos da organização, oferece convites de eventos, que poderiam ser pagos, convida os mantenedores para visitar a organização, se faz presente nos momentos de tristeza ou alegria dos mantenedores. Seu maior investimento, é relacionamento. Desta forma, o mobilizador é também um relações públicas, porque ele investe em relacionamentos, transforma a informação em uma comunicação clara para cada público, procura conhecer as igrejas, pastores, demais líderes, empresários e ajuda a organização em sua análise de cenários. Faz o mapeamento de públicos, divide suas atividades por regiões segundo especificidades que possa atender os interesses da organização, é o porta voz da agência missionária em sua região, planeja e coordena eventos de missões.

Ele é também um embaixador, porque é um mediador de interesses e representa oficialmente, a agência em atividades e eventos e, é um *ombudsman* porque recebe as críticas, sugestões e reclamações e dá o tratamento imparcial e adequado para cada situação.

> O mobilizador inspira, motiva e conecta vocacionados às oportunidades estratégicas, para viver e trabalhar dentro do propósito global de Deus.

QUEM É O PROMOTOR REGIONAL

É um promotor de missões que auxilia o missionário mobilizador na coordenação da rede de promotores em regiões ou microrregiões onde há adensamento de igrejas, faz parte de organizações missionárias, coordena pequenos grupos de promotores de missões, ajuda na manutenção de banco de dados de interesse da rede de promotores de missões, trabalha na promoção das campanhas missionárias e do Plano Cooperativo.

QUEM É O PROMOTOR DE MISSÕES

No contexto de missões e plantação de igrejas, ele é responsável pelo PAM - Programa de Adoção Missionária ou um programa de captação de recursos similar, pela campanha de captação de recursos recorrentes, pode ser por exemplo, o "Plano Cooperativo" e "campanha missionaria" na igreja em que é membro. Trabalha para manter a igreja e os líderes motivados e municiados de informações sobre os desafios missionários, presta relatórios sobre o campo missionário. Auxilia na captação de recursos materiais e financeiros para os projetos missionários. O promotor é a ligação entre igreja, mantenedores, missionários, projetos missionários e organização missionaria.

A função do promotor de missões, não deve ser um cargo eleito frequentemente, na estrutura organizacional da igreja, visto que, o treinamento é um processo contínuo. É um ministério que deve identificar novos interessados e vocacionados e ser realizado a longo prazo, pois as adoções missionarias e o discipulado de missões são baseados em relacionamentos que são acompanhados pelo promotor de missões. Novos interessados no trabalho da promoção missionária, devem ser agregados formando uma equipe de promotores veteranos.

PERFIL DO MOBILIZADOR

UM LÍDER DE EXCELÊNCIA

Ele deve ser um líder que tenha um espírito de excelência e que seu trabalho seja de alto padrão de qualidade. É alguém comprometido em fazer e oferecer o melhor aos seus liderados, como se estivesse servido ao próprio Senhor Jesus Cristo, conforme recomendação do apóstolo Paulo. "Tudo o que fizerem, façam de todo o coração, como para o Senhor, e não para os homens" (Cl 3:23 NVI).

Os cristãos da Tessalônica também se notabilizaram pela excelência. Assim, tornaram-se modelo para todos os crentes que estão na Macedônia e na Acaia (1 Ts 1:7 NVI), e ainda hoje, são lembrados em razão da fé abençoadora que tinham. O evangelho era traduzido em ações, em exemplo de vida. Era um tempo difícil, e mesmo assim o apóstolo Paulo referiu-se a eles por terem uma fé exemplar. Como resultado dessa fé dinâmica, esses irmãos também eram amorosos. A caridade desses irmãos era a expressão do amor em ação, era uma marca tão expressiva, que se tornaram conhecidos em toda a Macedônia. O amor que estes irmãos declaravam ter por Deus era percebido na forma como demonstravam em seus relacionamentos.

Por semelhança, um líder que preza pela excelência exercerá influência sobre seus liderados, e o resultado das suas ações manterá a equipe motivada, o que atrairá novos voluntários para seu time.

UM LÍDER DE ATITUDE

Esta é a segunda característica de um líder bem-sucedido que lidera outros líderes, a iniciativa. Eles não esperam que as coisas aconteçam, mas eles veem as necessidades e antecipam soluções. Segundo LeRoy Eims, o profeta "Isaías destacou-se ao tornar-se uma voz para Deus em sua geração (Eims, 1999, p.70).

> Então ouvi a voz do Senhor, conclamando: "Quem enviarei? Quem irá por nós? " E eu respondi: "Eis-me aqui. Envia-me! (Is 6:8 NVI).

Para o escritor e conferencista cristão John Maxwell, é a atitude que faz a diferença. É ela que pode determinar o fracasso ou sucesso das pessoas (e das organizações).

> Atitude não é tudo, mas é uma coisa que pode fazer diferença em sua vida. William Clement Stone, empresário, escritor e filantropo, afirmou: "Há uma pequena diferença nas pessoas, mas essa pequena diferença tem grades efeitos. Essa pequena diferença chama-se atitude. A grande diferença é se essa atitude é positiva ou negativa (MAXWELL, 2006, p.10).

Para este autor:

> Semelhantemente, tornamo-nos relevantes quando há atitude. É assim que podemos (e devemos) fazer diferença. Você é chamado para fazer diferença impactando o mundo através de pequenas ações que encantam e marcam quem estiver à sua volta, a viver uma vida cristã com excelência. Portanto fazer diferença é ter atitude positiva, é contribuir com excelência esgotando as possibilidades. Isto é uma postura de vida, um estado de espírito, uma escolha pessoal. Podemos fazer diferença individualmente e optarmos para que nossas famílias também façam diferença, ampliando o efeito dominó (PEREIRA,[15]).

UM LÍDER CRIATIVO

Ainda segundo LeRoy Eims, "a terceira razão pela qual alguns líderes são excelentes é sua criatividade. Eles não têm medo de experimentar coisas novas e diferentes" (EIMS, 1999, p.75). Isso significa que o líder deve sempre ter a mente aberta e investigativa. O líder criativo sempre busca novas informações, combina ideias diferentes, aparentemente, sem relação. Ele experimenta

---
[15] Acedido em 30.06.18 em https://artigos.gospelprime.com.br/atitude-que-faz-diferenca/ 14 Acedido em 30.06.18 em https://epocanegocios.globo.com/Inspiracao/Carreira/noticia/2015/08/5-tracos-dos-liderescriativos.html

fazer a atividade de um jeito diferente do padrão usual e leva a sério suas ideias malucas. Para o artista gráfico Erik Wahl, autor do bestseller Unthink: Rediscover Your Creative Genius:

> Talvez a única grande diferença entre líderes excelentes e líderes medianos seja que os excelentes estão dispostos a tomar iniciativas em vez de esperar que as circunstâncias direcionem suas vidas". Isso significa sacudir crenças e instituições – missões que não costumam ser fáceis nem bem recebidas por todos. Porém, é isso o que os faz ótimos[14].

A liderança criativa trabalha com tempestade de ideias e estimula a equipe a criar um resultado superior e diferente do que havia experimentado antes, já que, ela estimula as pessoas a fugirem da rotina dos processos, buscando novas oportunidades no dia a dia de trabalho. Isso pode ser comparado a um trajeto que é feito todos os dias para o local de trabalho. O líder criativo, fará perguntas: há outros caminhos mais curtos? Há caminhos mais interessantes? Há outras formas de ir ao trabalho e dispensar o metrô?

CASE: JOÃO CHINÊS[16]

João Chinês estava ao lado de um ateu. O ateu disse:

— João Chinês, qual será a primeira coisa que você fará ao chegar no céu? Ele respondeu:

— A primeira coisa que farei ao chegar no céu será percorrer as ruas de ouro até encontrar o Salvador; então me prostrarei perante Ele para adorá-lo por ter salvo minha vida.

— Ótimo! – Zombou o ateu.

— E o que você fará em seguida, João Chinês?

— Bem, em seguida eu percorrerei as ruas do céu até encontrar o missionário que veio ao meu país trazendo o evangelho. Tomarei sua mão e lhe agradecerei pelo trabalho realizado por minha salvação.

---

[16] Adaptado da história de João Chinês, de Oswald Smith, in O Clamor do Mundo, p.84.

— E depois? – Perguntou ainda o ateu.

— Depois percorrerei as ruas do céu até encontrar o promotor de missões que realizou a promoção missionária, que levantou os recursos financeiros e que encorajou o missionário vir à China. Também tomarei sua mão e lhe agradecerei pelo papel desempenhado na minha salvação. E depois? – Insistiu novamente o ateu.

— Depois, percorrerei as ruas do céu para encontrar o homem que deu dinheiro para possibilitar ao missionário vir à China, e também tomarei sua mão e lhe agradecerei pelo papel desempenhado na minha salvação.

Diante dessas palavras, o ateu deu meia-volta e foi embora. Será que haverá algum João Chinês, de qualquer parte deste imenso mundo, que virá até você para lhe agradecer por tê-lo ajudado a chegar no céu? Ou você estará sozinho no céu? Será que ninguém vai lhe reconhecer, exceto alguns parentes e amigos?

Não posso imaginar a grande alegria que sentirei no meu coração, quando lá no céu multidões de pessoas negras, amarelas, brancas, me fizerem parar para dizer:

— Estamos aqui no céu porque você desafiou os jovens a irem pregarem o evangelho para nós. Você levantou fundos para a obra missionária. Você mesmo se deslocou até nossa terra, levando a mensagem de salvação.

Agora queremos lhe agradecer pela sua parte na salvação.

— Sim, essa será a minha maior alegria no céu.

Será essa, igualmente, a sua alegria? Alguém chegará a você para agradecer o que você fez? Haverá alguém proveniente de alguma das muitas regiões onde impera o paganismo, que reconhecerá você? Não haverá, caso você tenha executado o trabalho cristão apenas em sua comunidade. Só haverá se você tiver investido algo nas "Regiões Além". Contribua conforme sua renda, para que Deus não torne sua renda conforme sua contribuição.

HABILIDADES DO PROMOTOR DE MISSÕES

São muitos os estilos e perfis de liderança bem como as características que se pode esperar de um líder. No entanto, neste contexto é destacado algumas competências pessoais que são importantes para o sucesso da mobilização missionária.

As habilidades comportamentais, também conhecidas como *soft skills*[17], que se espera em um mobilizador e promotor de missões são: atitude, comunicação, pensamento criativo, empatia, entusiasmo, rede de contatos ativos, persuasão, trabalho em equipe, gestão do tempo.

COMUNICAÇÃO

O promotor deve cuidar de forma especial da comunicação no seu relacionamento com a equipe, igreja e organização missionária. Para que haja uma boa comunicação, é importante estar bem informado, certificar-se quanto a veracidade da informação, ter conhecimento dos materiais a serem utilizados na promoção missionária e promoção de projetos. Grande parte dos ruídos de comunicação são resolvidos quando há proximidade entre o líder e seus liderados. Deve procurar conhecer seu público e ser cuidadoso na forma de falar e se apresentar.

PENSAMENTO CRIATIVO

Os problemas são uma questão de perspectiva e contratempo temporário. Aproveite o desafio para encontrar uma solução, fazer de forma diferente e ir além dos limites. Conversar com profissionais que trabalham com produção cultural, criação de música e artes, jornalistas, estudantes, pessoas de gerações e contextos

---

[17] Acedido em 30.06.18 https://exame.abril.com.br/carreira/qual-e-a-diferenca-entre-hard-skill-se-soft-skills/

culturais diferentes sobre os desafios da mobilização, captação de recursos e projetos, possibilita ideias novas e ajuda a aguçar a imaginação.

EMPATIA

O líder quando se colocar no lugar do outro e procura entendê-lo, quando tenta compreender a partir da sua perspectiva e reconhece a tristeza ou alegria, o medo ou a angústia, cria uma conexão emocional que facilita a comunicação e ajuda na resolução de problemas.

ENTUSIASMO E MOTIVAÇÃO

O líder entusiasmado possui grande interesse, energia e alegria, um intenso prazer e uma dedicação ardente na vida e no trabalho, que é contagiante e que é transformada em motivação. A motivação por sua vez faz com que as pessoas deem o melhor de si para alcançar uma meta.

REDE DE CONTATOS

O maior investimento do líder é relacionamento formado por uma rede de pessoas inspiradoras. A expertise das outras pessoas ajuda no processo de criatividade, a melhorar projetos e criar coisas totalmente, novas. Inicie sua rede de contatos com as pessoas que você conhece — familiares, amigos, vizinhos, grupos da Igreja, grupos sociais e as pessoas que aderirem a sua causa. Seja um líder presente e atencioso com sua rede de contatos para que haja mais proximidade em momentos que são importantes como velório, enfermidades, aniversário, formatura, passeios, etc. De tal maneira que o relacionamento não seja superficial.

PERSUASÃO

O líder precisa desenvolver e aprimorar a habilidade de convencer pessoas a se tornarem adeptas de um projeto ou missão. A persuasão ocorre ao criar o ambiente certo para uma ideia, e então transmitir essa ideia com eficiência. Use a imaginação e procure ser o líder influente, crie imagens de sucesso, seja alegre, use o humor natural como o oposto das piadas planejadas que podem falhar, estabeleça contato com os olhos com os rostos amigáveis, tente falar a uma velocidade de pelo menos 120 palavras por minuto, articule com clareza, pratique, pratique e pratique. Tenha comprometimento com sua narrativa e envolvimento com sua causa. Por fim, esteja envolvido com as metas até serem atingidas. Seja persistente, não desista, tenha paciência e perseverança.

TRABALHO EM EQUIPE

O líder deve declarar suas expectativas de maneira clara e solicitar o mesmo da outra pessoa, reflita se as expectativas são aceitáveis e adequadas. Não exija e não cobre o que o outro não pode oferecer, reconheça os limites de cada pessoa. Desenvolve sua capacidade para ouvir. Veja os membros da equipe como colaboradores, e não como competidores, concentre-se na equipe, e não em si mesmo. Reconheça as pequenas vitórias, elogie-os com sinceridade e demonstre gratidão. A atmosfera da equipe deve ser amigável e informal. Mesmo os mais tímidos devem participar das discussões e serem valorizados.

GESTÃO DO TEMPO

Saber usar o tempo de forma racional, seguir um planejamento e aproveitar bem as oportunidades. Aprenda a trabalhar com uma agenda, de preferência digital, no entanto use o que for melhor; post it na geladeira, no escritório, na área de trabalho do computador, etc. Use bloco de notas, caneta ou pincel para quadro branco. Faça um calendário de reuniões, programas e atividades. Delegue tarefas sempre que possível. Se em sua equipe tiver alguém com bom domínio sobre agenda e gestão do tempo, compartilhe suas responsabilidades. Transforme a pontualidade em sua marca. Comece as reuniões com quem estiver presente e termine no horário previamente, combinado. Quando tiver oportunidade para falar, use anotações, siga uma pauta, seja objetivo. Estas habilidades são importantes e somam muito na atuação do mobilizador ou promotor, porém, nem sempre será condição *sine qua non*.

Há inúmeros exemplos bíblicos de personagens que não possuíam habilidades para uma missão, mas foram capacitados por Deus. Podemos destacar que quando Moisés foi chamado para a missão de liderar o povo hebreu, não se julgou em condições. Primeiro, ele apresentou uma prévia dificuldade: *"E se eles não acreditarem em mim nem quiserem me ouvir e disserem: 'O Senhor não lhe apareceu" (Ex 4:1 NVI)*, e depois, apresentou outra dificuldade ao Eterno: *Disse, porém, Moisés ao Senhor: "Ó Senhor! Nunca tive facilidade para falar, nem no passado nem agora que falaste a teu servo. Não consigo falar bem! " (Ex 4:10 NVI);* A insegurança de Moisés foi tão grande, que ainda disse: "Ah Senhor, manda outra pessoa". Não teve outro jeito, era Moisés mesmo o escolhido para a missão. Deus agiu sobre todas as dificuldades e o capacitou para que ele cumprisse o propósito para o qual foi chamado.

Davi também foi outro personagem improvável, escolhido por Deus para ser rei de Israel. Quando o profeta Samuel foi a Belém para ungir o novo rei, Davi não estava nem entre os candidatos, mas se encontrava no campo, com o rebanho do pai, pois era o mais jovem da família e o menos experiente. Porém, foi ele exatamente, o escolhido.

E os apóstolos escolhidos por Jesus, listados em Mateus 10:2-4? Eram pessoas simples do povo, imaturos, impetuosos, impulsivos e preconceituosos, ninguém escapava como exemplo de liderança. Veja por exemplo, o caso do Pedrão, o campeão dos impetuosos:

> Era homem impulsivo e precipitado, qual regato que desce célere e desabaladamente montanha abaixo, atirando-se de encontro às rochas da baixada. Reagia repentinamente. Falava e agia, para depois pensar. "Temos exemplo vivo disso, quando se lançou ao mar, em certa manhã bem fria, nadou até a praia para chegar perto de Jesus, quando poderia ter feito isso com seu barco (João 21:7). Outro exemplo temos quando pediu a Jesus que lhe banhasse também as mãos e o rosto, logo após haver dito a Jesus que lhe não consentiria lavar seus pés; e quando Jesus lhe disse que, nesse caso, Pedro não teria parte com ele, submeteu-se (João 13:9). E exemplo mais vivo ainda temos quando Pedro, com rápido golpe de sua espada, decepou a orelha direita do servo do sumo sacerdote (João 18:10); (PRICE, 1980, p.19).

Como pode perceber, nem toda pessoa capacitada academicamente, ou com muitas habilidades são as promotoras de mudanças e transformações sociais. É comum no meio cristão, o célebre ditado que "Deus não escolhe os capacitados, mas capacita os escolhidos". É claro, é óbvio, que Deus chama muitas pessoas capacitadas, o que se pode acentuar é que o desempenho de uma missão, não depende da força ou capacidade humana, mas de Deus que capacita e instrumentaliza pessoas para a missão.

CASE: UMA PROMOTORA MOTIVADA

From: <aug.........lfa@yahoo.com.br>
Date: 03/02/2006 18:59
Subject: Re: Agradecimentos de Isélia.
To: "Ezequiel Brasil (JMM)."

Amado Pastor Ezequiel,

Fiquei feliz ao receber o material da campanha de missões 2006 e ao ler esse precioso material, pude observar quantas pessoas participaram e trabalharam para que o mesmo chegasse em nossas mãos. Que bom ter um mobilizador de Missões Mundiais em nossa região. Gostaria de lhe agradecer, pastor Ezequiel, pelo apoio e carinho que tem pelos promotores de missões. Cada vez mais compreendo a importância do promotor de missões. Essa semana, uma jovem de minha Igreja disse que apesar de ser crente há muitos anos, não entendia o real sentido de 'MISSÕES' e que só passou a entender, com o trabalho que eu e meu esposo temos realizado como Promotores de Missões em nossa igreja, na congregação e muito intensamente em nossa mocidade.

Sua vinda a Palmas, juntamente com o pastor Jarbas, o pastor Leandro foi marcante para nossos jovens. A presença do pastor Leandro em nossa congregação foi muito importante, os irmãos ficaram muito felizes em ouvir um missionário, jamais esquecerão aquele rosto e sempre oram por ele. Me sinto muito feliz por participar desse trabalho tão maravilhoso e sei que o senhor, pastor Ezequiel, sempre estará nos ajudando e apoiando.

Domingo, 05 de fevereiro, teremos um encontro em nossa casa envolvendo jovens interessados em missões, líderes das organizações missionárias e evangelismo. Estaremos tratando da importância e urgência de missões e apresentando o material da campanha. O meu desejo é que todos aprendam um pouco mais sobre missões e se envolvam com a obra e adotem missionários.

Dia 11 teremos um encontro de promotores de Missões da região sul de Palmas abrangendo seis Igrejas e uma congregação. Ore por esses encontros e também por uma viagem missionária que faremos para o LAR BATISTA F.F. SOREM. Em breve mandaremos o relatório desses eventos Missionários.

Fraternalmente em Cristo Jesus,

I.L. Costa
Promotora de Missões

PERSPECTIVA BÍBLICA DA PROMOÇÃO MISSIONÁRIA

Tíquico, o irmão amado e fiel servo do Senhor, lhes informará tudo, para que vocês também saibam qual é a minha situação e o que estou fazendo. Enviei-o a vocês por essa mesma razão, para que saibam como estamos e para que ele os encoraje (Efésios 6:21,22 Nova Versão Internacional). Era um mensageiro de Paulo (Tt 3.12), que visitou Éfeso mais tarde (2Tm 4.12). Acompanhou Paulo a Jerusalém, levando a coleta iniciada pelo apóstolo aos pobres. Ele foi enviado para informá-los sobre tudo, encorajar e animar. Paulo estava preso em Roma, e em razão disso enviou Tíquico para informar, encorajar e animar os irmãos de Éfeso. Temos, portanto, aqui uma analogia do trabalho do promotor de missões se dirigindo a uma igreja específica para inspirar estes irmãos. Para o mobilizador Adilson Santos:

> Paulo também precisava de envolvimento das igrejas em seu ministério. A gratidão dele para com a igreja de Filipos é algo maravilhoso pensando em missões (Fl 4.10-20). Ele tinha seus "promotores de missões". Tíquico é um deles. Ele desempenhava um papel de cooperador e ajudador do missionário Paulo. Estava presente em lugares onde Paulo não podia estar e o representava. Era alguém de confiança e extremamente envolvido na missão (SANTOS in Revista da Campanha, 2013, p.40).

Percebe-se dessa forma, que há de fato a necessidade de alguém que na ausência do missionário, tenha foco específico em missões, e que o trabalho do missionário é interdependente, pois precisa de participação recíproca da igreja. É aí que surge a necessidade do promotor com a missão de trabalhar para que num conjunto de preferências ou prioridades, não se estabeleça outras preferências na agenda da igreja que seja mais importante que a missão de Jesus Cristo:

> Mas ele lhes disse: "Tenho algo para comer que vocês não conhecem".

> Então os seus discípulos disseram uns aos outros: "Será que alguém lhe trouxe comida? "
> Disse Jesus: "A minha comida é fazer a vontade daquele que me enviou e concluir a sua obra (Jo 4:32-34 NVI).

Temos no texto, um contraste entre o que motivava os discípulos na vida e o que motivava Jesus. Com isso se pode deduzir, que há prioridades maiores que bancos estofados e fachadas de templos, embora em dado momento isso até possa ser necessário.

QUEM PODE SER UM VOLUNTÁRIO PROMOTOR DE MISSÕES?

É importante que seja uma pessoa próxima ao pastor, que mantenha contato com os líderes da Denominação de igrejas, Convenção, associação de igrejas, organização missionária e com bons relacionamentos em toda a igreja. Por ser um líder reconhecido pela própria igreja, se presume que deve ter as qualidades que se espera de uma liderança, semelhante as características de um diácono, conforme I Timóteo 3:8, 10, "sejam respeitáveis, de uma só palavra, se mostrarem irrepreensíveis". Se tratando de um promotor regional, é importante que seja alguém que tenha condições próprias de se locomover e autonomia para visitar os promotores de seu pequeno grupo, igrejas, associações de igrejas, microrregiões, etc.

COMO ATRAIR VOLUNTÁRIOS

Tenha uma causa e conte uma história. Vá onde o povo está, ou convide pessoas para encontros em cafeteria, *coffee break*, almoço, jantar, esportes, seminários, congressos, igrejas, etc. Os eventos marcados para mobilizar voluntários, já podem ser o ponto de partida para captação de recursos. O encontro tem como objetivo, apresentar o projeto, que já é um chamado para a missão, o primeiro passo da mobilização.

Destaque que fazer parte da missão ou projeto social, proporciona uma experiência de satisfação e realização única, em poder fazer parte da transformação de vidas, que quando os cristãos doam generosamente suas vidas, seu tempo, bens materiais e financeiros, eles ampliam o poder do evangelho aproximando pessoas a Cristo e as conduzem a louvar a Deus.

Mas... lembre-se, deve haver uma seleção na definição dos voluntários. O voluntário precisa saber e entender que há critérios para exercer as atividades propostas do voluntariado.

São inegociáveis, a missão e os valores da organização, ou os estabelecidos pelo projeto social.

Também é importante destacar que conforme o local, as condições do trabalho do voluntário, condições de locomoção e hospedagem, o trabalho pode ocorrer em contexto cultural adverso, pode ser na favela, na selva ou em área urbana. Há organizações que vão precisar de referências sobre o candidato a voluntário, informações sobre usos de medicamentos e saúde, condições físicas, conhecimentos técnicos ou exigir habilidades sociais, porque os projetos poderão ocorrer fora da zona de conforto e os voluntários ter que se submeter a condições de adversidade.

Até aqui, você viu

MOBILIZAÇÃO

A mobilização é um ministério que trabalha com a paixão e identificação das pessoas por uma causa, ela inspira pessoas para transformar pessoas, e conecta pessoas a recursos para desenvolver projetos e plantar igrejas. É o primeiro passo que se deve dar para iniciar projetos, programas e trabalhos missionários.

Mobilização inclui ensino de missões, organização de oração persistente pelos povos não alcançados, imigrantes e grupos étnicos nas grandes cidades, sertanejos, ribeirinhos, mentoria de outros mobilizadores para chegar a uma maior eficiência. Uma mobilização bem-sucedida, se faz com planejamento, persistência e entusiasmo, na sequência isso se torna em um movimento de multiplicadores que será constituída por simpatizantes, por promotores de missões e alguém para liderar os demais com perfil de liderança, o mobilizador. **O segredo da mobilização bem-sucedida é o planejamento, persistência, entusiasmo e uma história inspirativa para compartilhar.** Todo promotor, mobilizador e missionário, deve estar familiarizado e ter domínio em contar histórias que sejam relevantes. **Sem história, não haverá mobilização, não haverá estratégia ou captação de recursos. É o storytelling que conecta pessoas a uma causa e leva pessoas ao engajamento.**

Andrew Fuller, pode ser chamado literalmente, de "patrono da mobilização missionária", por ser aquele que lutou e defendeu conscientemente, a causa da mobilização e captação de recursos, para desenvolver projetos e plantar igrejas. Através do trabalho de Fuller, Carey recebeu o suporte necessário para as ações na Índia. "Carey, corretamente chamado de "pai das missões modernas, não era um evangelista. Ele trabalhou para acabar com as práticas de infanticídios e do "suttee", a queima de jovens viúvas junto ao corpo de seus maridos. Ele estabeleceu o Colégio Serampore, iniciou pesquisas em horticultura, junto com seus colegas, traduziu as Escrituras completas ou em partes para mais de trinta línguas" (PIERSON, 2005, p.14).

Segundo John Piper,"Fuller atuou como o principal promotor, pensador, angariador de fundos e escritor de cartas da sociedade missionária por mais de vinte e um anos. Ele segurou a corda do trabalho missionário, com mais firmeza e maior consciência do que qualquer outra pessoa. Viajava e falava continuamente, para ampliar a mobilização e o apoio para a missão. Equivalente ao efeito dominó, os trabalhos de mobilização tanto de Fuller, quanto a ação missionária de Carey, deram origem a uma sequência semelhante de mobilização e envio de missionários na Inglaterra e nos EUA, onde Adoniram Judson (1788-1850), com sua esposa Ann Judson (1789-1826), Luther Rice (1783-1836), e um casal de nome Mills, sentiram-se inspirados a seguirem os passos de Carey na evangelização da Índia.

Oswaldo Smith da Igreja dos Povos em Toronto, Canadá, foi um dos pastores que mais influenciou outros pastores, igrejas e denominações no mundo inteiro, despertando-as e mobilizando-as para missões. Ele também usou uma analogia, semelhante a Carey sobre a necessidade de "sustentar as cordas".

Dentre muitos mobilizadores e estrategistas na história da igreja cristã, os missionários Ralph e Roberta Winter contribuíram de forma inigualável para a propagação do evangelho entre os povos não alcançados. Por meio do ministério de Ralph e Roberta, surgiu o movimento Perspectivas que une cristãos no propósito de pensar e promover o envolvimento na tarefa de glorificar a Deus entre todos os povos.

ATIVIDADES

Questão 1. Considerando os textos abaixo do capítulo "Mobilização", assinale no gabarito, a alternativa correta:

1. A mobilização exclui o trabalho de mentoria de mobilizadores e promotores de missões, que são realizados exclusivamente pelo RH das agências missionárias.
2. A mobilização é um ministério que trabalha com a paixão e identificação das pessoas por uma causa.
3. O propósito da mobilização é inspirar pessoas para transformar pessoas, e conectar pessoas a recursos para desenvolver projetos e plantar igrejas que glorifiquem a Deus em todas as nações da terra.
4. A mobilização proporciona imersão na missão e defini prioridades e estratégias.
5. Para ganhar os povos não alcançados, tudo começa na mobilização dos crentes.

a. As alternativas 1 e 5 estão erradas.
b. As alternativas 2 e 3 estão erradas.
c. A alternativa 4 está certa.
d. As alternativas 2, 3, 4 e 5 estão certas.
e. Todas as alternativas estão certas.

Questão 2. Marque no gabarito a alternativa correta, que traduz o significado da analogia "sustentar as cordas".

1. Novo impulso à propagação do Evangelho.
2. Cooperar com intercessão, promover missões e viabilizar recursos financeiros.
3. A sequência de mobilização e envio de missionários.
4. Difundir a luz evangelística em todos os lugares escuros da terra.

5. Sustentar cristãos no propósito de promover envolvimento na tarefa de glorificar a Deus.

a. A alternativa 1 está certa.
b. As alternativas 2 e 5 estão certas.
c. A alternativa 2 está certa.
d. As alternativas 3 e 5 estão certas.
e. A alternativa 4 está certa.

Questão 3. Assinale no gabarito, a alternativa correta.

1. Somente faz o chamado da mobilização, quem tem uma história inspirativa para compartilhar.
2. Uma mobilização bem-sucedida, se faz com planejamento, persistência e entusiasmo.
3. É o storytelling que conecta pessoas a uma causa e leva pessoas ao engajamento.
4. A ação do mobilizador e promotor de missões gera conversões, batismos, reconciliações, socorro a crianças em situação de risco, recuperação de dependentes químicos.
5. O mobilizador inspira, motiva e conecta vocacionados às oportunidades estratégicas, para viver e trabalhar dentro do propósito global de Deus.

a. As alternativas 1, 3 e 5 estão certas.
b. As alternativas 2 e 4 estão certas.
c. As alternativas 1 e 5 estão erradas.
d. A alternativa 3 está errada.
e. Todas as alternativas estão certas.

Questão 04: Para cada trabalhador que é enviado ao campo missionário, são necessários quantos mobilizadores? R:

Questão 05: Como a mobilização se tornou fundamental para o trabalho missionário? R:

CAPÍTULO 2

CAPTAÇÃO DE RECURSOS[18]

Toda organização missionária, projeto, ativista social ou missionário, mais cedo ou mais tarde, precisa ou vai precisar, de recursos financeiros para manter ou ampliar suas ações. No entanto, quase como regra geral as ações das agências missionárias ou projetos sociais, são sistematizadas sem o cuidado necessário com a captação de recursos, de maneira que este é um grande desafio a ser superado por estas organizações, que erram, ao não treinarem seus missionários na captação de recursos, e por não ampliarem o mix de financiamento das suas ações.

Novos missionários iniciam seus projetos sem treinamento, missionários antigos perdem sustento, Conselhos Missionários não alcançam as metas, inúmeras organizações sérias e milhares de bons projetos ficam sem recursos. Ao mesmo tempo, são muitas as organizações e pessoas que são bem-sucedidas na captação de recursos, mas falta-lhes seriedade, prestação de contas e auditoria.

A história demonstra que mesmo o missionário ou gestor de projetos, mais tímido, introvertido, sem encantos e com dificuldades de comunicação pessoal, será capaz de levantar os recursos necessários para seu sustento ou trabalho missionário, desde que treinado, que trabalhe com planejamento, persistência e entusias-

---

[18] Curso de Captação de Recursos, ministrado no SETAL – Seminário Evangélico de Teologia da América Latina, em18 e 25 de junho de 2018, em Goiânia - GO

mo. É óbvio, que após ser enviado ao campo missionário, o sustento financeiro não deverá ser mais objeto da sua preocupação. O planejamento deve prever o sustento de tal forma, que o missionário somente voltará a trabalhar em sua própria captação de recursos, no próximo período de promoção missionária, salvo exceções de missionários fazedores de tendas e business and mission.

Para superar as adversidades da falta de recursos, se faz necessário considerar seriamente desenvolver a cultura da captação de recursos financeiros nestas organizações. Trata-se de um conjunto de ações e comportamentos que se inicia com treinamentos, que deve envolver as pessoas da organização e ser incorporados à rotina diária. **A captação de recursos, não ocorre com um estalo de dedos, sem apresentação de uma causa que inflame os corações, ela ocorre gradativamente, progressivamente, com esforço e diligência**, como se pode observar no storytelling de Ael e Bel.

> **CASE: MUITO MAIS QUE UMA OFERTA MISSIONÁRIA**
>
> Foi uma noite "daquelas", noite missionária em uma Associação de igrejas no Sul do Mato Grosso do Sul. Compartilhamos sobre os desafios da Igreja perseguida na Ásia, desafios de intercessão pela obra missionária e também da carência de Bíblias naquele país. Muitos irmãos se dispuseram a ir ao campo, interceder e assumir um compromisso financeiro de sustentar missionários e de enviar Bíblias para um país da Ásia. Todos estavam impactados, incluindo nós que ali estávamos para mobilizar os presentes em direção aos desafios missionários.
>
> Ao final da palavra o pastor de uma igreja que ficava a 140 quilômetros da cidade onde ocorria o congresso nos pediu que fossemos até a sua igreja no dia seguinte (domingo) falar dos mesmos desafios. Ele havia ficado bem impactado, assumiu pessoalmente, um compromisso de enviar ofertas para que cristãos asiáticos pudessem ter uma Bíblia e queria que sua igreja também ouvisse e se envolvesse. O problema é que já estávamos com uma agenda cheia e por isso

negamos o convite. O pastor então nos pediu que fossemos na quarta-feira. Respondi que não era possível pois precisávamos viajar de volta para nossa cidade na terça feira. Depois de insistir um pouco, com um ar de decepção ele disse que entendia.

Assim que o pastor saiu, minha esposa disse: "- Lembra que você sempre fala que os irmãos asiáticos têm que viajar várias horas para ir a um culto, que eles fazem vários sacrifícios? Será que não podemos fazer esse sacrifício e adiar nossa volta para casa para atender o pedido do pastor?". Aquela frase me pegou de surpresa e não havia outra resposta a não ser concordar com minha esposa. Ligamos para o pastor e agendamos nossa ida na quarta-feira. E assim, viajamos os 140 quilômetros e chegamos a uma calorosa e simples igreja do interior do Mato Grosso do Sul, os irmãos foram muito receptivos e ao final da palavra mais de 50% dos presentes assumiram compromissos financeiros de enviar Bíblias para a Ásia, alguns se comprometeram com 10 Bíblias, outros 15, 30 e assim por diante (à época uma Bíblia na Ásia custava U$ 8,38). Uma das irmãs nos chamou de lado e muito discretamente, me pediu que a orientasse, pois ela queria doar um valor mais alto, aproximadamente 1600 Bíblias! Ficamos impactados não com o valor que foi possível levantar naquela noite, mas com o que o Pai pode fazer quando nos dispomos a dar um passo a mais e deixar que a palavra que pregamos aos outros seja também regra para nosso proceder, como nos orienta o apóstolo Paulo.

Como você pode imaginar esse dia ficou gravado em nossa história e ministério. Esse projeto de envio de Bíblias para famílias asiáticas era algo muito precioso tanto para nós quanto para vários irmãos no Brasil. Na época trabalhávamos na mobilização missionária, mas já sabíamos que nosso tempo no Brasil estava contado, pois iríamos para o Campo. E coube ao Pai nos levar justamente, para a Ásia! Chegamos na Ásia no ano de 2011 e desde os nossos primeiros passos por lá até hoje podemos perceber o impacto que esse projeto causou tanto no campo como aqui no Brasil. Ao chegar no campo missionário pudemos visitar vários irmãos e igrejas perseguidas que foram abençoadas pelo projeto de Bíblias, e pelas ofertas levantadas por irmãos de norte a sul do Brasil.

Mas percebemos que muito mais do que doar uma Bíblia a oferta levantada criava relacionamentos, era um poderoso testemunho e um grande motivador. Criava relacionamentos porque os missionários que recebiam essa oferta lá na Ásia repassavam para obreiros locais que compravam as Bíblias e distribuíam a outros líderes locais que faziam os exemplares da palavra chegar às mãos de famílias chinesas. Isso tudo gerava uma rede de relacionamentos e passávamos a não só entregar uma Bíblia, mas a conhecer histórias de irmãos, entender como podíamos servi-los em outras áreas e também sermos servidos por eles

Essas ofertas eram um poderoso testemunho para os cristãos asiáticos que ficavam tremendamente, impactados com o amor de irmãos brasileiros que sem mesmo os conhecer estavam dispostos não só a enviar Bíblias para eles, mas enviar missionários para os abençoar. Várias vezes vimos irmãos encherem olhos de lágrimas simplesmente, por dizermos a eles que haviam milhares de irmãos orando por eles! Por fim essas ofertas eram um grande motivador para os obreiros asiáticos e nós missionários brasileiros porque mostravam que a igreja não tinha somente o discurso de amar a obra missionária, eles estavam materializando aquele discurso e mostrando em "obras" a sua fé! Como disse um pastor certa vez: "eu não acredito em uma oração missionária que não constranja o bolso!".

Escrevemos esse texto 7 anos depois, de termos chegado ao campo e com o pouco de experiência que adquirimos nesse tempo podemos afirmar com toda convicção, que a captação de recursos na igreja local para a obra missionária não pode nem deve ser tratada como um desafio financeiro que tenha um fim em si mesmo, a oferta para a obra missionária talvez seja a forma mais prática de materializar o sentimento de amor que todo discípulo de Cristo tem pela obra missionária: "ide e fazei discípulos de todas as nações".

Ael e Bel Oliveira
Missionários na Ásia
23-06-2018

ANTES DE INICIAR A CAPTAÇÃO

Como se pode ver no depoimento do Ael e Bel, a captação de recursos é muito mais que uma oferta missionária. É um dos meios de financiamento da logística da plantação de igrejas, do sustento missionário e nesse caso específico, da formação de bases em países onde não há liberdade religiosa. Também se observa que a captação ocorre de acordo com a missão da igreja, "fazer discípulos", que nesse contexto específico a visão é a difusão de Bíblias e o trabalho com a igreja perseguida na Ásia, que os valores da organização missionária estão presentes ao fazer a captação de recursos entre os membros e congregados da denominação batista, que seguiu uma estratégia para a captação. Ela ocorre através de um congresso de uma associação de igrejas batistas no sul de Mato Grosso do Sul, e seguiu um plano que embora esteja apenas implícito no depoimento, todo o trabalho do mobilizador, procura responder; **O que será feito?** Falar no encontro da associação de igrejas e levantar X mantenedores[19] através do Plano de Adoção Missionária – PAM. **Quando será feito?** Se trata da data do evento e do cronograma. **Onde será executado?** Trata-se do local, a igreja que sedia o evento. **Como?**

Foram utilizadas fichas impressas em papel de boa qualidade, com imagem e informações sobre o projeto Bíblias para a Ásia. As fichas depois de preenchidas foram devolvidas no mesmo momento. Foram oferecidas gratuitamente, canetas personalizadas com o logo da JMM, para os mantenedores. Foi utilizado um vídeo e banners sobre o desafio missionário. Ael teve oportunidade de falar por 30 minutos. Bel deu suporte atendendo os interessados. **Porque fazer a captação de recursos?** Para cumprir

---

[19] O mobilizador da JMM depois de treinado na captação, estabelecia uma meta mensal que poderia ser por exemplo, 100 adotantes por mês entre empresas, igrejas e pessoa física. A meta era flexível, de acordo com os meses do ano, eventos que poderia ocorrer e de acordo com a região da captação

a missão da igreja e da organização internacional: "fazer discípulos". E finalmente, o **objetivo** nesse caso específico foi levantar X mantenedores através do PAM. O objetivo é um ponto concreto que se quer atingir, devendo ter parâmetros numéricos e datas a serem alcançadas.

> Toda organização, projeto social ou projeto missionário, precisa de clareza quanto a missão, visão, valores e estratégia, e na sequência definir um plano de ação para viabilizar os objetivos propostos.

Com isso, se pode deduzir a partir desse case que, antes de iniciar a captação de recursos, toda organização, projeto social ou projeto missionário, precisa de clareza quanto a missão, visão, valores e estratégia, e na sequência definir um plano de ação para viabilizar os objetivos propostos.

O consultor de crescimento de igreja, Clif Christopher[20] relata que ao ouvir um jovem advogado [21] falar das razões baseadas na fé, pelas quais ele tinha acabado de fazer uma doação substancial de recursos financeiros, para um centro de juventude da comunidade, perguntou-lhe se ele consideraria fazer uma contribuição semelhante à igreja da qual ele era um membro ativo. Ele respondeu: "Senhor, não, eles não saberiam o que fazer com esse dinheiro" foi a resposta.

Para Christopher, isso descreve o problema que as igrejas estão enfrentando em seus esforços de gestão cristã de recursos.

---

[20] Dr. Clif Christopher, MDiv, CFRE, is the CEO of the Horizons Stewardship Company. He is a certified church growth consultant and has earned the coveted title CFRE (Certified Fund Raising Executive). Christopher founded the Horizons Stewardship Company in 1992 following a challenging and rewarding career in pastoral ministry. Since founding Horizons, he has led consultations in more than four hundred churches, conferences, synods, and dioceses in all phases of building, finance, and church growth. For the last ten years years, Christopher has secured more than $500 million for his clients. He has worked in more than thirty-two states and is a frequent speaker at stewardship seminars around the country. He is the author of several books including Not Your Parents' Offering Plate, which was published by Abingdon Press. Christopher has been an ordained minister of The United Methodist Church since 1975. He is a graduate of Hendrix College and Emory University. Christopher and his wife have four children.
[21] http://www.abingdonpress.com/product/9781501804922#.Wz4-PthKjLa

"Muitas vezes não conseguimos convencer os possíveis doadores de que suas doações terão impacto e significado". Situação semelhante também ocorreu em uma igreja batista. Um diácono, que era um rico fazendeiro, hospedou seu pastor por alguns dias, para descanso na fazenda, ocasião em que, conversando ao final do dia, afirmou que ajudava financeiramente, uma igreja de outra denominação. Ao ser questionado porque não fazia o mesmo por sua própria igreja, ele respondeu:

— Eles fizeram uma comitiva, vieram aqui na fazenda e me pediram. Me mostraram ainda que estavam precisando muito da ajuda para a construção do templo. Minha igreja é rica e não precisa.

Essas situações remetem a questionar porque possíveis doadores não são convencidos ou inspirados a contribuírem? Embora sejam muitas as razões, é importante destacar e reiterar que a organização inspirada na fé, deve fazer sua captação baseada em sua missão, visão, valores e possuir objetivos claros. Além disso, é importante também que o possível doador saiba que as contribuições, sejam elas pequenas ou grandes, farão diferença no projeto de filantropia ou ação missionária, e que uma igreja ou outra organização, embora sejam estáveis economicamente, precisam transmitir que suas ações serão ampliadas, que novos projetos ou frentes missionárias serão abertas, a medida em que houver mais recursos. Enfim, essas igrejas e organizações não recebem mais recursos, já que não pedem, porque não possuem novos projetos, uma vez que transmitem que não saberão usar as contribuições.

Quanto a alcançar bons resultados, é evidente que receber treinamentos e fazer uso das tecnologias disponíveis fará uma diferença substancial na captação de recursos, não precisa ser o mesmo caminho seguido por muitos, de tentativas, erros e acertos. Ademais, deve ficar claro também que além de seguir um plano, do passo a passo e da base, o segredo da captação inicia com planejamento, persistência e entusiasmo.

Isto posto segue-se que, a narrativa da captação deve estar alinhada com a causa que é resultado da missão e visão. Considere por exemplo, uma organização em que sua missão seja "assistência às criancinhas em situação de risco", e como visão; "proporcionar reforço escolar e lazer às crianças de 04 a 12 anos da Vila Paraíso", somente a partir daí o mobilizador terá condições de quantificar, estabelecer as estratégias e plano de ação, por conhecer a causa e os projetos, por identificar uma área de ação e relacionar aos dons, habilidades e capacidade profissional de cada voluntário, e com isso propor soluções para alavancar as receitas e garantir a sustentabilidade da estrutura e das atividades da organização.

Também antes de iniciar uma campanha de captação de recursos financeiros, é importante ter clareza que recursos humanos devem ser priorizados. A causa ou projeto, precisa atrair adeptos e voluntários. Quanto mais pessoas engajadas na causa, mais recursos materiais e financeiros. Os mantenedores devem ser convidados para conhecer e se sentirem parte da agência missionária, projeto social ou organização, e se preciso for, é necessário também organizar uma excursão com os que moram longe e preparar um dia especial para recebê-los com uma programação. Empresários, comerciantes e profissionais voluntários devem ser convidados para dedicar um período nos feriados ou doar uma semana das férias para a organização, dessa forma, os recursos materiais e financeiros, também serão alocados a medida em que houver engajamento e compreensão.

Quando uma organização, projeto social ou missionário recebe recursos, pessoas famintas, crianças fora da escola, doentes, pessoas excluídas socialmente, são amparadas e recebem a oportunidade de terem suas vidas transformadas, e nesse sentido, destacar que o dinheiro é apenas um meio para ajudar pessoas. Portanto, o foco da captação de recursos é engajar pessoas na causa para transformar e mudar vidas. Certamente, isso foi realidade na vida de George Mueller, que não pedia dinheiro às pessoas, mas falava sobre o agir de Deus frente às necessidades dos órfãos da Inglaterra, e isso é verdadeiramente,

> O foco da captação de recursos é engajar pessoas na causa para transformar e mudar vidas.

servir o próprio Senhor Jesus Cristo: "Digo-lhes a verdade: o que vocês fizeram a algum dos meus menores irmãos, a mim o fizeram" (M 25:40 NVI).

CASE: OS ORFANATOS DE GEORGE MUELLER

Mueller encontrou sua causa, quando seu coração se inflamou com o sofrimento das crianças órfãs de Bristol na Inglaterra. Depois, de fazer captação de recursos por seis meses, ele abriu o primeiro orfanato em 1836. Ele teve por hábito explicar às igrejas, como era seu ministério, nunca colocava o foco em pedir recursos financeiros para as necessidades, mas falava sobre o agir de Deus em operar milagres, em suprir as necessidades e sobre as provações que foram supridas. James C. Killion ao tratar da busca de equilíbrio bíblico na captação de recursos, apresenta o depoimento em que ele afirma;

> É bem verdade que meu coração foi tocado pela condição física deplorável em que encontrei os órfãos destituídos antes de começar a cuidar deles; mas um motivo superior me levou a isso, além de simplesmente beneficiar a sua saúde...É também verdade que eu desejava ajudar os órfãos procurando educa-los, mas meu alvo era mais que isso...Quando comecei o trabalho com órfãos, tive como propósito a salvação das crianças...Todavia, nem mesmo este era o objetivo principal que eu tinha em vista; mas ao desempenhar essa tarefa, simplesmente através da oração e da fé, sem pedir ajuda a qualquer ser humano, meu grande desejo era que pudesse ser visto que agora, no século XIX, Deus continua

> sendo o Deus vivo, e que hoje, como há milhares de anos, Ele ouve as orações de seus filhos e ajuda os que confiam Nele (MUELLER IN KILLION, p.69).
>
> Os primeiros anos, do seu ministério foram extremamente difíceis, por não encontrar apoio suficiente para suprir as necessidades dos orfanatos. No entanto, apenas com oração, narrativas e prestação de relatórios, e alimentado por uma profunda convicção que Deus ainda operava milagres como descritos na Bíblia, continuou seu trabalho sem fazer abordagens diretas com pedidos de recursos.
>
> Ele investiu parte significativa do seu tempo em conferências missionárias pelo mundo, ocasião em que apresentava a storytelling dos orfanatos de Bristol, descrevendo como Deus estava respondendo as orações, e assim seus ouvintes ao tomarem conhecimento, sentiam-se motivados a fazerem parte daquilo que Deus estava realizando.

O QUE É CAPTAÇÃO DE RECURSOS

Diante do exposto, pode-se afirmar que a captação de recursos é: identificar como voluntários e mantenedores podem contribuir com uma causa, e desafiá-los para participar de programas, projetos sociais ou uma ação missionária, é educar pessoas sobre gratidão e generosidade, e associá-las a uma causa. Aliás é despertar voluntários e doadores, e identificar a paixão por uma causa que lhes aqueça o coração. Ademais, é uma **construção de logística e a procura de apoio financeiro para uma causa**, uma organização missionária, instituição de filantropia ou projetos sociais.

Captação de recursos também tem como objetivo gerar receita para uma organização de filantropia através de vários meios. A sua contribuição é muitas vezes a única ação que mantém uma instituição de filantropia funcionando. A fim de arrecadar esse dinheiro, o captador aborda pessoas individuais, corporações, grandes doadores, fundos e fundações, além de organizar eventos para arrecadar dinheiro para sua causa específica. Ou seja, as fontes de financiamento e os meios de captação de recursos são oriundos de recursos governamentais, recursos da iniciativa privada, recursos gerados pelo próprio terceiro setor e recursos de pessoa física.

A captação de recursos de fontes governamentais, se dá por meio da publicação de editais que informam sobre a disponibilidade de recursos e determinam prazos e condições para os interessados nos investimentos sociais.

> Captação de recursos é a construção de logística e a procura de apoio financeiro para uma organização missionária, instituição de filantropia ou projetos sociais, é educar pessoas sobre gratidão e generosidade, e associá-las a uma causa.

Também acontece através das leis de incentivo que são semelhantes à renúncia fiscal, em que as empresas e pessoas físicas definem investimentos sociais e abatem nos impostos que seriam pagos ao fisco, através da "doação" de recursos a entidades privadas sem fins lucrativos, como também se aplicam de acordo com as leis de incentivo para Organizações da Sociedade Civil, leis de incentivo à cultura, leis de incentivo ao esporte, projetos vinculados ao Programa Nacional de Apoio à Atenção Oncológica – PRONON e ao Programa Nacional de Apoio à Atenção da Saúde da Pessoa com Deficiência – PRONAS/PCD, leis de incentivo aos direitos da criança e do adolescente e lei de incentivo ao direito do idoso. Além do mais é orçamentária com o fim de gerar benefícios através de programas sociais para os funcionários e para a sociedade. Também é possível que o interesse seja de associar sua marca a uma causa, com o propósito de melhorar o valor social da empresa perante o consumidor.

O próprio Terceiro Setor gera recursos ao investir e comercializar em bens, serviços e produtos com destinação específica ao reinvestimento na filantropia. Fundações e entidades internacionais que recebem legados, aportes financeiros oriundos de grandes fortunas e governos estrangeiros, destinam recursos à filantropia, de acordo com as definições estabelecidas em editais e regras de projetos. Muitos projetos sociais para captar recursos, investem em eventos com venda de ingressos, venda de produtos e consultorias.

Os recursos individuais, pessoa física, ocorrem através da sensibilização a uma causa, da apresentação de projetos, do envolvimento de adeptos e voluntários. São via de regra constituídos por pequenas doações. Esses recursos advêm das abordagens individuais *face-to-face*, que podem acontecer em eventos especiais, campanha porta a porta ou estandes colocados em lugares estratégicos com fichas para adesão, folders, banners, revistas, pessoas uniformizadas, alguma exposição de produtos etc.

Uma organização que se propõe a fazer captação de recursos, precisará definir com quantas e quais fontes de financiamento irá trabalhar, visto que as estratégias de trabalho são diferentes para cada área. Se por hipótese for trabalhar com todas as fontes possíveis de financiamento, terá que fazer investimentos de recursos humanos treinados com dedicação exclusiva para cada área, investir em uma estrutura de trabalho, e ter clareza que se trata de investimentos em que o retorno não serão imediatos.

Os batistas por exemplo, priorizam a captação de recursos dentro da própria denominação, embora eventualmente, aceitem doações privadas de terceiros, desde que alinhadas com os valores da instituição. Há muitos comerciantes e empresários batistas, que também contribuem com recursos sem buscarem benefícios fiscais. Sob hipótese nenhuma aceitam subvenção do poder público, embora haja exceções particulares de organizações filantrópicas de orientação batista, que aceitam recursos e estabelecem convênios.

MIX DE FINANCIAMENTO

O "mix" de financiamento se trata da diversificação das fontes de receitas de uma organização e define o orçamento de investimentos em projetos e programas. Ele define metas para novas captações, revela quantas e quais fontes de receitas, quantos doadores individuais de pequenas doações, quantos doadores individuais que fazem grandes doações, quantas igrejas, quantas empresas patrocinadoras e geração de recursos através da venda de produtos e serviços

O COMPROMETIMENTO COM A CAPTAÇÃO

Em uma organização ou projeto bem-sucedido, todos precisam se comprometer, do auxiliar de serviços gerais ao presidente. A presidência, diretoria, conselho ou staff, tem um papel fundamental em garantir que a captação esteja alinhada a missão, visão e valores, bem como possui a responsabilidade de garantir que a captação esteja conectada as demais atividades da organização, que seja incluída como compromisso de todos os departamentos, divisões, setores e que faça parte da cultura organizacional. É importante que todos se envolvam e se comprometam com a captação de recursos, e para que isso aconteça ela deve ser reconhecida como uma prioridade e, consequentemente, defendida e compreendida em toda a organização.

Logo, ela será incluída como item permanente na pauta, para que seja uma prioridade organizacional e apresentada em todas as reuniões do conselho. Desde membros do alto escalão ao mais simples, depois de treinados até podem não ser exímios em captação, mas como estarão comprometidos, serão embaixadores, que identificarão oportunidades, e estarão abrindo portas e ajudando a instituição a ampliar sua rede de contatos.

> **CASE: AS CRIANÇAS DA VILA PARAÍSO**[22]
>
> Uma equipe de voluntários sempre recorria à tesouraria da igreja, para financiar as despesas com o trabalho missionário realizado com crianças na Vila Paraíso. Ocorre que o número de crianças aumentava, como também cresciam as despesas por surgirem novas necessidades. A igreja por estar comprometida com outros trabalhos missionários, não tinha condições de atender novas demandas. A fonte de recursos era sempre a mesma para muitos projetos e programas.
>
> A solicitação por mais contribuições financeiras não obteve sucesso até que fosse adotada a estratégia de convidar voluntários para conhecerem e ajudarem o trabalho. De imediato, dentre os voluntários, surgiu a filha e a esposa de um empresário que se encantaram com as crianças, e sentiram o desejo de ajudar. Com essa ação, as necessidades com despesas de transporte de novos voluntários e a compra de lanche ficou resolvida. Outras necessidades como o material pedagógico e equipamentos de som, foram resolvidos quando a esposa de um comerciante se tornou uma das professoras de crianças.
>
> A construção de um espaço físico foi resolvida, quando um voluntário se tornou um dos líderes do projeto. Todos esses recursos materiais e financeiros foram investidos no trabalho missionário como uma nova fonte de receitas, sem comprometer o escasso orçamento da igreja.

A LOGÍSTICA DE MISSÕES

Não há sucesso na missão sem logística, ela é condição *sine qua non* para as missões. A logística é a ação que conduz à preparação e sustentação das campanhas. Ela é o serviço de apoio que emprega o serviço certo, no local certo, no tempo certo, com o **propósito de equipar, fornecer, movimentar e sustentar a filantropia e organizações inspiradas na fé**. Esse conceito que é de origem

---
[22] Baseado em uma situação real

militar, foi adaptado e desenvolvido na alta administração empresarial com a perspectiva de movimentar e coordenar o ciclo de produtos. Sua parte operacional, administra os recursos materiais, financeiros, pessoas e informação.

A logística se tornou responsável por prover recursos e informações para a execução de todas as atividades de uma organização. Ela envolve a aplicação de conhecimentos da engenharia, economia, contabilidade, estatística, marketing, tecnologia, recursos humanos, como também, a compreensão dos principais elementos da logística militar que são; suprimento, transporte, instalações e serviços, que por sua vez, envolvem o fornecimento de mercadorias necessárias ou assistência para capacitar as forças armadas a viver, mover-se, comunicar-se e lutar. Essa logística, fornece às forças militares que se encontram na guerra:

> A logística é a ação que conduz à preparação e sustentação das campanhas. Ela é o serviço de apoio que emprega o serviço certo, no local certo, no tempo certo, com o propósito de equipar, fornecer, movimentar e sustentar a filantropia e organizações inspiradas na fé.

O material necessário para viver (comida, água, roupas, abrigo, suprimentos médicos), mover (veículos e transportar animais, combustível e forragem) para se comunicar (toda a gama de equipamentos de comunicação), e para lutar (armas, armamento defensivo e materiais). Em todas essas categorias, itens, como roupas, veículos e armas, são usados repetidamente e, portanto, precisam ser substituídos somente quando perdidos, destruídos ou desgastados; e materiais, como comida, combustível e munição, que são gastos ou consumidos - isto é, usados apenas uma vez - e, por isso, devem ser reabastecidos de forma contínua ou periódica[23].

---
[23] Logistics. URL: https://www.britannica.com/topic/logistics-military/ Access Date: Julho 03, 2018

Semelhante ao militar na frente de batalha, o missionário também precisará de suprimento, transporte, instalações e serviços, que devem ser fornecidos por aqueles que fazem parte das forças de apoio.

Todo projeto, programa ou ação missionária, depende de uma logística. Tanto a igreja quanto a organização inspirada na fé, possuem custos administrativos básicos: impostos, tributos, manutenção da propriedade, meios de transportes, impressos gráficos, funcionários, etc. Quando se planeja a abertura de uma frente missionária, deve se considerar por exemplo quais as condições necessárias para viabilizar a plantação de igreja.

Os recursos materiais poderiam ser; uma moradia? Um salão para projetos ou para cultos? Há eletricidade e água potável? Será necessário um poço artesiano? Será necessário meio de transporte? Um animal? Bicicleta? Um carro de tração 4X4? Material pedagógico? Bíblias e folhetos? Alimentação? Quais as necessidades dos colaboradores da retaguarda? Há riscos de epidemias na região?

Como se pode observar, toda logística terá um custo, logo se faz necessário incluir no orçamento para a captação de recursos. Também, os gastos com a captação de recursos devem ser considerados como parte do custo da ação missionária ou projeto social e salvo exceções fundamentadas, essa logística não poderá ultrapassar o custo superior a 15% da receita da organização, para que os recursos sejam realmente aplicados na causa.

A LOGÍSTICA DE JESUS E APÓSTOLOS

Tanto Jesus como os apóstolos e discípulos, usaram uma estrutura de recursos humanos, materiais e financeiros para as viagens missionárias e para as plantações de igrejas, como a igreja em Jerusalém que necessariamente, precisou de uma logística criada através do diaconato, para socorrer órfãos e viúvas.

A maior parte do ministério de Jesus ocorreu ao redor do mar da Galileia. Algumas vezes ele precisou usar um barco para falar à multidão. Ele entrava no barco, se mantinha a uma pequena distância, ocasião em que proferia seus ensinos e discursos. Quando Jesus se encontrava com seus 12 discípulos, realizando viagens missionarias, pregando o evangelho de vila em vila, de cidade em cidade, era acompanhado por um grupo de mulheres, incluindo pessoas de alta posição social, que os serviam com seus bens e recursos, demonstrando gratidão por bênçãos recebidas.

> Depois disso Jesus ia passando pelas cidades e povoados proclamando as boas novas do Reino de Deus. Os Doze estavam com ele, e também algumas mulheres que haviam sido curadas de espíritos malignos e doenças: Maria, chamada Madalena, de quem haviam saído sete demônios; Joana, mulher de Cuza, administrador da casa de Herodes; Susana e muitas outras. Essas mulheres ajudavam a sustentá-los com os seus bens (Lc 8:1-3 NVI).

Há muitas referências bíblicas sobre pessoas que colocaram seus bens para servirem tanto a Jesus quanto aos apóstolos, como se pode observar nos textos.

> Novamente, Jesus começou a ensinar à beira-mar. Reuniu-se ao seu redor uma multidão tão grande que ele teve que entrar num barco e assentar-se nele. O barco estava no mar, enquanto todo o povo ficava na beira da praia (Mc 4:1 NVI).

> Naquele dia, ao anoitecer, disse ele aos seus discípulos: Vamos atravessar para o outro lado. Deixando a multidão, eles o levaram no barco, assim como estava. Outros barcos também o acompanhavam" (Mc 4:35,36 NVI).

> Depois de dizer isso, Jesus foi adiante, subindo para Jerusalém. Ao aproximar-se de Betfagé e de Betânia, no monte chamado das Oliveiras, enviou dois dos seus discípulos, dizendo-lhes: Vão ao povoado que está adiante e, ao entrarem, encontrarão um jumentinho amarrado, no qual ninguém jamais montou. Desamarrem-no e tragam-no aqui. Se alguém lhes perguntar:

'Por que o estão desamarrando? 'digam-lhe: 'O Senhor precisa dele'. Os que tinham sido enviados foram e encontraram o animal exatamente como ele lhes tinha dito. Quando estavam desamarrando o jumentinho, os seus donos lhes perguntaram: "Por que vocês estão desamarrando o jumentinho? Eles responderam: "O Senhor precisa dele". Levaram-no a Jesus, lançaram seus mantos sobre o jumentinho e fizeram que Jesus montasse nele. (Lc 19:28-35 NVI).

Observa-se que Jesus usou um meio de transporte, o jumentinho com um manto que os discípulos colocaram.

Fiquem naquela casa e comam e bebam o que derem a vocês, pois o trabalhador merece o seu salário. Não fiquem mudando de casa em casa. (Lc 10:7 NVI).

Compartilhem o que vocês têm com os santos em suas necessidades. Pratiquem a hospitalidade. (Rm 12:13 NVI).

Gaio, cuja hospitalidade eu e toda a igreja desfrutamos, envia-lhes saudações. Erasto, administrador da cidade, e nosso irmão Quarto enviam saudações. (Rm 16:23 NVI).

Não se esqueçam da hospitalidade; foi praticando-a que, sem o saber, alguns acolheram anjos. (Hb 13:2 NVI).

O propósito de Deus é que enviemos nossos missionários de modo que seja digno de Deus, cuidando para que nada lhes falte – quer seja dinheiro, orações ou pastoreio. Isso é um mandamento do Senhor ("Deveis", 3 Jo 8), de modo que "o nome de Deus está em jogo no modo como tratamos nossos missionários",

Deus nos entregou o encargo de enviar nossos missionários de modo digno, tendo todo o cuidado para que nada lhes falte, tanto recursos financeiros, quanto apoio espiritual e emocional. Providencie tudo o que for necessário para a viagem de Zenas, o jurista, e de Apolo, de modo que nada lhes falte (Tito 3:13 NVI).

Gaio, era um financiador de missões. Ele oferecia recursos logísticos e financeiros, ao abrir sua casa para receber missionários e crentes imigrantes desconhecidos, como forma de cooperar para que o evangelho chegasse a outros povos. Para "encaminhar em sua viagem" era necessário todo suporte com dinheiro, alimentos e transportes.

Amado, você é fiel no que está fazendo pelos irmãos, apesar de lhe serem desconhecidos. Eles falaram à igreja a respeito deste seu amor. Você fará bem se os encaminhar em sua viagem de modo agradável a Deus, pois foi por causa do Nome que eles saíram, sem receber ajuda alguma dos gentios. É, pois, nosso dever receber com hospitalidade a irmãos como esses, para que nos tornemos cooperadores em favor da verdade (3 João 1:5-8 NVI).

Os discípulos enviados por Paulo a Corinto, Tito e dois irmãos anônimos, com a missão de coletar os donativos (2 Co 8:16-24), também fizeram uso da logística. Para que fizessem a viagem, eles tiveram gastos, precisaram de alojamento, alimento e um meio de locomoção, semelhantemente os missionários de hoje, mesmo os de agências missionárias, precisam de suporte logístico e recursos para despesas de ordem pessoal.

OS VALORES ÉTICOS DA CAPTAÇÃO DE RECURSOS

É importante que as ações sejam orientadas sob uma perspectiva bíblica e que valores éticos sejam claros para as partes envolvidas no processo de captação; a organização, o captador e o doador. Os recursos só devem ser captados entre doadores de boa reputação e devem ser condizentes com os valores éticos da organização. Algumas questões devem ser orientadas de acordo com esses valores; A organização aceitaria doações vinculadas a jogos de azar e loterias? Poderia receber doações de bancos? Poderia receber doações da

> Os recursos só devem ser captados entre doadores de boa reputação e devem ser condizentes com os valores éticos da organização.

bilheteria de futebol? Poderia levantar recursos através de leilão e festas? Poderia arrecadar através de sorteios como rifas e bingos? Poderia aceitar de concurso de beleza?

Algumas organizações teriam motivos para aceitar esses recursos outras organizações teriam motivos para não aceitar esses mesmos recursos. Estas questões devem ser respondidas, antes de iniciar a captação de recursos, e elas deverão estar alinhadas com os valores da organização que definirão seus limites de ação. O Greenpeace, por exemplo, não aceita doações de empresas privadas ou de governos. Sua base de captação de recursos se constitui de doações de pessoas físicas. Da mesma forma, tanto os doadores quanto as pessoas beneficiárias dos recursos devem ser tratados com respeito e observados os valores da organização. O drama de crianças em situação de risco ou de um povo carente, deve ser apresentado sem exageros e exploração da miséria.

O foco da apresentação de uma história ou imagem, deve ser a possibilidade do doador, ser resposta para o desafio missionário, ou projeto social.

Quanto ao trabalho missionário, a maneira bíblica de prover recursos deve ser prioritariamente, através de contribuições espontâneas de dízimos, ofertas e legados de membros e congregados da própria igreja, denominação ou associação de igrejas, como resultado da compreensão da doutrina da mordomia que, corpo, mente, tempo, recursos materiais e financeiros pertencem a Deus, e são instrumentos concedidos para abençoar pessoas e ampliar o poder de ação do evangelho, para à glória de Deus.

Quanto aos recursos de jantares com ingresso pago, bazar missionário, feira de missões, venda de livros, camisetas e bugigangas, há de se observar que os meios de captação não devem ser confundidos com o fim. Neste caso, os meios são, "vender algo" e o fim, é promover um projeto missionário. Quando ocorre a inversão de valores, pessoas sem condições financeiras são excluídas da comunhão do corpo de Cristo e a imagem da igreja ou do evento de missões se torna comercial.

Muitos líderes religiosos e igrejas se perderam porque aceitaram facilidades de origem duvidosas, outros acabaram aceitando contribuições ilícitas, outros ainda fizeram das suas igrejas, instituições com forte apelo financeiro e comercial.

É muito importante que as aplicações dos recursos da organização missionária, ou projetos de filantropia sejam transparentes e estejam disponíveis para auditoria e que os custos da logística da organização nunca ultrapasse 15% das contribuições. Também é importante que os relatórios financeiros sejam disponibilizados ou estejam acessíveis aos mantenedores de forma criativa e pedagógica, e que os números sejam traduzidos de forma mais acessível. A confiança deve ser conquistada por meio de responsabilidade, transparência e boa administração. Não basta ser honesto, é preciso ser um bom gestor dos recursos da filantropia e sob hipótese alguma deve haver a ideia de estrutura cara, nepotismo ou cabide de empregos. Segundo J. Clif Christopher:

> Os mantenedores querem ser informados, querem ser perguntados e querem saber o que suas ofertas e doações estão realizando. Além disso, eles desejam ser reconhecidos por suas doações[24].

A filantropia evangélica e demais organizações inspiradas na fé, deve ser regida por um código de ética, ou ter como parâmetro o mesmo código da ABCR – Associação Brasileira de Captadores de Recursos que disciplina a prática profissional, ressalta princípios de atuação responsável e propõe condutas éticas elevadas a serem seguidas pelos seus associados e serve como padrão de referência para todos aqueles que desejam captar recursos no campo social.

---

[24] https://www.ministrymagazine.org/archive/2011/02/the-many-faces-of-fundraising

CÓDIGO DE ÉTICA DA CAPTAÇÃO DE RECURSOS[25]

Sobre a legalidade

O captador de recursos deve respeitar incondicionalmente, a legislação vigente no País: acatando todas as leis federais, estaduais e municipais aplicáveis ao exercício de sua profissão; cuidando para que não haja, em nenhuma etapa de seu trabalho, qualquer ato ilícito ou de improbidade das partes envolvidas; e defendendo e apoiando, nas organizações em que atua e naquelas junto às quais capta recursos, o absoluto respeito às leis e regulamentos existentes.

Sobre a remuneração

O captador de recursos deve receber pelo seu trabalho apenas remuneração pré-estabelecida: não aceitando, sob nenhuma justificativa, o comissionamento baseado em resultados obtidos; e atuando em troca de um salário ou de honorários fixos definidos em contrato; eventual remuneração variável, a título de premiação por desempenho, poderá ser aceita em forma de bônus, desde que tal prática seja uma política de remuneração da organização para a qual trabalha e estenda-se a funcionários de diferentes áreas.

Sobre a confidencialidade e lealdade aos doadores

O captador de recursos deve respeitar o sigilo das informações sobre os doadores obtidas em nome da organização em que trabalha: acatando o princípio de que toda informação sobre doadores, obtida pela organização ou em nome dela, pertence à mesma e não deverá ser transferida para terceiros nem subtraída; assegurando aos doadores o direito de não integrarem listas vendidas, alugadas ou cedidas para outras organizações; e não revelando nenhum tipo de informação privilegiada sobre doadores efetivos ou potenciais a pessoas não autorizadas, a não ser mediante concordância de ambas as partes (receptor e doador).

Sobre a transparência nas informações

O captador de recursos deve exigir da organização para a qual trabalha total transparência na gestão dos recursos captados: cui-

---

[25] http://captadores.org.br/codigo-de-etica/

dando para que as peças de comunicação utilizadas na atividade de captação de recursos informem, com a máxima exatidão, a missão da organização e o projeto ou ação para os quais os recursos são solicitados; assegurando que o doador receba informações precisas sobre a administração dos recursos, e defendendo que qualquer alteração no uso e destinação dos mesmos será feita somente após consentimento por escrito do doador; e cobrando a divulgação pública dos resultados obtidos pela organização com a aplicação dos recursos, por meio de documento que contenha informações avalizadas por auditores independentes.

Sobre conflitos de interesse

O captador de recursos deve cuidar para que não existam conflitos de interesse no desenvolvimento de sua atividade: não trabalhando simultaneamente para organizações congêneres com o mesmo tipo de causa ou projetos, salvo com o consentimento das mesmas; informando doadores sobre a existência de doadores congêneres atuais ou anteriores da organização ou do projeto, para que possam conscientemente decidir entre doar ou não; não aceitando qualquer doação indiscriminadamente, considerando que determinados recursos podem não condizer com o propósito da organização e devem ser discutidos – e aprovados ou não – entre a entidade e o profissional; não ocultando nenhum tipo de informação estratégica que possa influir na decisão dos doadores.

Sobre os direitos do doador

O captador de recursos deve respeitar e divulgar o Estatuto dos Direitos do Doador.

Estatuto dos Direitos do Doador

Para que pessoas e organizações interessadas em doar tenham plena confiança nas organizações do Terceiro Setor e estabeleçam vínculos e compromisso com as causas a que são chamados a apoiar, a ABCR declara que todo doador tem os seguintes direitos:

1. Ser informado sobre a missão da organização, sobre como ela pretende usar os recursos doados e sobre sua capacidade de usar as doações, de forma eficaz, para os objetivos pretendidos.

2. Receber informações completas sobre os integrantes do Conselho Diretor e da Diretoria da organização que requisita os recursos.
3. Ter acesso à mais recente demonstração financeira anual da organização.
4. Ter assegurado que as doações serão usadas para os propósitos para os quais foram feitas.
5. Receber reconhecimento apropriado.
6. Ter a garantia de que qualquer informação sobre sua doação será tratada com respeito e confidencialidade, não podendo ser divulgada sem prévia aprovação.
7. Ser informado se aqueles que solicitam recursos são membros da organização, profissionais autônomos contratados ou voluntários.
8. Poder retirar seu nome, se assim desejar, de qualquer lista de endereços que a organização pretenda compartilhar com terceiros.
9. Receber respostas rápidas, francas e verdadeiras às perguntas que fizer.

Sobre a relação do captador com as organizações para as quais ele mobiliza recursos

O captador de recursos, seja funcionário ou autônomo ou voluntário, deve estar comprometido com o progresso das condições de sustentabilidade da organização, Não estimulando a formação de parcerias que interfiram na autonomia dos projetos e possam gerar desvios na missão assumida pela organização; Preservando os valores e princípios que orientam a atuação da organização; Cumprindo papel estratégico na comunicação com os doadores da organização; e Responsabilizando-se pela elaboração e manutenção de um banco de dados básico que torne mais eficaz a relação da organização com seus doadores.

Sobre sanções

Sempre que a conduta de um associado da ABCR for objeto de denúncia identificada de infração às normas estabelecidas neste Código de Ética, o caso será avaliado por uma comissão designada pela Diretoria da ABCR, podendo o captador ser punido com mera advertência até desligamento do quadro associativo, conforme a gravidade do ato.

Recomendações finais

Considerando o estágio atual, de profissionalização das organizações do Terceiro Setor e o fato de que elas se encontram em processo de construção de sua sustentabilidade, a ABCR considera aceitável ainda a remuneração firmada em contrato de risco com valor pré-estipulado com base na experiência, na qualificação do profissional e nas horas de trabalho realizadas.

A ABCR estimula o trabalho voluntário na captação de recursos, sugere que todas as condições estejam claras entre as partes e recomenda a formalização desta ação por meio de um contrato de atividade voluntária com a organização.

Com relação à qualidade dos projetos, o captador de recursos deve selecionar projetos que, em seu julgamento ou no de especialistas, tenham qualidade suficiente para motivar doações.

A ABCR considera projeto de qualidade aquele que:

1. Atende a uma necessidade social efetiva, representando uma solução que desperte o interesse de diferentes pessoas e organizações;
2. Esteja afinado com a missão da organização;
3. E seja administrado por uma organização idônea, legalmente constituída e suficientemente estruturada para a adequada gestão dos recursos.

OS BONS EXEMPLOS DA TEARFUND

A TEARFUND tem como base um documento sobre os valores éticos em captação de recursos que procura responder as perguntas: Estamos dizendo a verdade através das informações que fornecemos sobre nós mesmos e sobre os beneficiários? Tratamos os nossos doadores com respeito? Alguns dos valores de captação de recursos adotados pela Tearfund;

- Nós cremos que deve existir um bom equilíbrio entre raciocínio e emoção em qualquer proposição de captação de recursos.

Lançamos apelos de grandes proporções para captar recursos apenas na existência de uma real emergência causada por um desastre, na qual a Tearfund tenha realizado um levantamento de necessidades e tenha a capacidade necessária para responder:

- Nós cremos que o dinheiro, a oração e o tempo são formas de apoio de igual importância;
- Nós agradecemos aos nossos mantenedores por cada uma das suas doações, com exceção daqueles que tenham indicado que não gostariam de receber uma confirmação de recebimento da doação;
- Nós procuramos informar os nossos mantenedores sobre o impacto das suas doações junto aos beneficiários;
- Nós procuramos prestar o melhor serviço possível aos nossos mantenedores, independentemente do valor das suas doações;
- Nós procuramos ser verdadeiros em todas as nossas proposições de captação de recursos;
- Nós não usamos mais do que 15% da receita da Tearfund em captação de recursos e em publicidade;
- Nós respeitamos os desejos dos mantenedores no sentido de como as suas doações podem ser usadas e, ao mesmo tempo, deixamos claro como o maior impacto seria alcançado junto aos beneficiários;
- Nas nossas comunicações:
- Nós representamos as pessoas pobres como indivíduos reais e não como símbolos de sofrimento que nos permitem captar recursos;

- Nós vamos além das questões superficiais, educando e informando os nossos mantenedores sobre as causas estruturais da pobreza. Quando fazemos uma citação, o nome da pessoa é mencionado para respeitar a sua dignidade. Nas nossas imagens visuais, o nosso princípio primordial é manter respeito e dignidade na maneira com que representamos as pessoas e as situações.
- Nós não exploramos o assunto (ex.: não pedimos para que chorem diante da câmera);
- Nós usamos imagens com sinceridade – quando possível, usamos um equilíbrio de imagens, positivas e negativas, para refletir a realidade da situação.

A PERSPECTIVA BÍBLICA DA CAPTAÇÃO DE RECURSOS

A base bíblica para a captação de recursos pode ser identificada a partir da gestão cristã da vida, ou seja, doutrina da mordomia, visto que ela trata além dos recursos financeiros e bens materiais, dos dons, habilidades, profissões, bom uso das oportunidades e relacionamentos, hábitos saudáveis, saúde física e mental, etc. Hoje em muitos contextos culturais, a palavra mordomia se encontra corrompida do seu significado original.

Faça um teste e pergunte a pessoas na rua o que é mordomia, e muitos irão atribuir um significado justamente, oposto. Afirmam que mordomia é uma vida boa, corrupção, muito dinheiro, etc., mas a palavra é formada pela junção de duas outras palavras; "mor" que quer dizer principal, e domos, que quer dizer casa. Logo, mordomia é a gestão, administração, chefia de uma casa. O texto de Gênesis 24:2, afirma que Abraão tinha um servo ou mordomo que "governava tudo o que possuía". Da mesma forma, José obteve o favor de Potifar, que "o pôs por mordomo de sua casa, e lhe passou às mãos tudo o que tinha" (Gn 39:4).

Observe que o mordomo não é o dono da casa, dos bens ou do conservo, mas apenas o seu administrador. O mordomo de Abraão governava os bens do patriarca; José administrava a casa e os bens de Potifar.

A Palavra de Deus, não deixa dúvidas que todas as coisas pertencem a Ele. Esta é a base da Doutrina da Mordomia. O Universo pertence a Deus. Ao Senhor, ao seu Deus, pertencem os céus e até os mais altos céus, a terra e tudo o que nela existe. (Deuteronômio 10:14 Nova Versão Internacional), São mencionados explicitamente: os habitantes da terra (Sl 24:1), o solo (Lv 25:23), o produto da lavoura (Sl 104:14,16), os animais (Sl 50:10,11), e o homem que Deus criou, preserva e salva (At 17:24-28; 1 Co 6:19).

A CAPTAÇÃO DE RECURSOS DE MOISÉS

Êxodo registra uma campanha bem-sucedida, a tal ponto que houve uma solicitação para que se encerrasse as doações. Deus diz claramente, a Moisés para levantar uma oferta das pessoas que tivessem disposição. E a solicitação de Moisés (Êx 35:4-9) ocorreu sem nenhum apelo emocional, é exatamente, o que Deus lhe disse para pedir, palavra por palavra (Êx 25:3-7). Ele detalhou fielmente, os presentes necessários e as maneiras pelas quais essas doações seriam usadas.

> Diga aos israelitas que me tragam uma oferta. Receba de todo aquele cujo coração o compelir a dar. (Ex 25:2 NVI).
>
> Disse Moisés a toda a comunidade de Israel: "Foi isto que o Senhor ordenou:
> Separem dentre os seus bens uma oferta para o Senhor. Todo aquele que, de coração, estiver disposto, trará como oferta ao Senhor ouro, prata e bronze; fios de tecido azul, roxo e vermelho; linho fino e pelos de cabra; peles de carneiro tingidas de vermelho e couro; madeira de acácia;
> óleo para a iluminação; especiarias para o óleo da unção e para

o incenso aromático; pedras de ônix e outras pedras preciosas para serem encravadas no colete sacerdotal e no peitoral. (Ex 35:4-9 NVI).

E todos os que estavam dispostos, cujo coração os impeliu a isso, trouxeram uma oferta ao Senhor para a obra na Tenda do Encontro, para todos os seus serviços e para as vestes sagradas. Todos os que se dispuseram, tanto homens como mulheres, trouxeram joias de ouro de todos os tipos: broches, brincos, anéis e ornamentos; e apresentaram seus objetos de ouro como oferta ritualmente movida perante o Senhor. (Ex 35:21,22 NVI).

Todos os israelitas que se dispuseram, tanto homens como mulheres, trouxeram ao Senhor ofertas voluntárias para toda a obra que o Senhor, por meio de Moisés, ordenou-lhes que fizessem. (Ex 35:29 NVI).

Disseram a Moisés: "O povo está trazendo mais do que o suficiente para realizar a obra que o Senhor ordenou". Então Moisés ordenou que fosse feita esta proclamação em todo o acampamento: "Nenhum homem ou mulher deverá fazer mais nada para ser oferecido ao santuário".
Assim, o povo foi impedido de trazer mais,
pois o que já haviam recebido era mais que suficiente para realizar toda a obra. (Ex 36:5-7 NVI).

A CAPTAÇÃO DE RECURSOS DE DAVI

A doação começa pelo líder, como exemplo para que outros líderes e demais pessoas possam fazer o mesmo conforme I Crônicas 28 e 29.

> Forneci grande quantidade de recursos para o trabalho do templo do meu Deus: ouro, prata, bronze, ferro e madeira, bem como ônix para os engastes, e ainda turquesas, pedras de várias cores e todo tipo de pedras preciosas, e mármore.
> Além disso, pelo meu amor ao templo do meu Deus, agora entrego das minhas próprias riquezas, ouro e prata para o templo do meu Deus, além de tudo o que já tenho dado para este santo templo.

Ofereço, pois, cento e cinco toneladas de ouro puro de Ofir e duzentos e quarenta e cinco toneladas de prata refinada, para o revestimento das paredes do templo, para o trabalho em ouro e em prata, e para todo o trabalho dos artesãos. Agora, quem hoje está disposto a ofertar dádivas ao Senhor? "
Então os chefes das famílias, os líderes das tribos de Israel, os comandantes de mil e de cem, e os oficiais encarregados do trabalho do rei ofertaram espontaneamente. (1 Cr 29:2-6 NVI).

O povo alegrou-se diante da atitude de seus líderes, pois fizeram essas ofertas voluntariamente, e de coração íntegro ao Senhor. E o rei Davi também encheu de alegria. (1 Cr 29:9 NVI).

A CAPTAÇÃO DE RECURSOS DE EZEQUIAS

O rei Ezequias também deu exemplo como líder, em tomar a iniciativa e fazer as doações o que fez com que os israelitas contribuíssem livremente, com a porção inicial de seus grãos, vinho, azeite, mel e toda a produção de seus campos.

> Ezequias designou os sacerdotes e os levitas por turnos, cada um de acordo com os seus deveres, para apresentarem holocaustos e sacrifícios de comunhão, ministrarem, darem graças e cantarem louvores junto às portas da habitação do Senhor.
> O rei contribuía com seus próprios bens para os holocaustos da manhã e da tarde e para os holocaustos dos sábados, das Luas Novas e das festas fixas, conforme o que está escrito na Lei do Senhor. Ele ordenou ao povo de Jerusalém que desse aos sacerdotes e aos levitas a porção que lhes era devida a fim de que pudessem dedicar-se à Lei do Senhor. Assim que se divulgou essa ordem, os israelitas deram com generosidade o melhor do trigo, do vinho, do óleo, do mel e de tudo o que os campos produziam. Trouxeram o dízimo de tudo. Era uma grande quantidade.
> Os habitantes de Israel e de Judá que viviam nas cidades de Judá também levaram o dízimo de todos os seus rebanhos e das coisas sagradas dedicadas ao Senhor, o seu Deus, ajuntando-os em muitas pilhas. Começaram a fazer isso no terceiro mês e terminaram no sétimo.
> Quando Ezequias e os seus oficiais chegaram e viram as pilhas de ofertas, louvaram o Senhor e abençoaram Israel, o seu povo.

> Ezequias perguntou aos sacerdotes e aos levitas sobre essas ofertas;
> o sumo sacerdote Azarias, da família de Zadoque, respondeu: "Desde que o povo começou a trazer suas contribuições ao templo do Senhor, temos tido o suficiente para comer e ainda tem sobrado muito, pois o Senhor tem abençoado o seu povo, e esta é a grande quantidade que sobra".
> Ezequias ordenou que preparassem despensas no templo do Senhor, e assim foi feito.
> Então recolheram fielmente as contribuições, os dízimos e os presentes dedicados. O levita Conanias foi encarregado dessas coisas, e seu irmão Simei era o seu auxiliar. (2 Cr 31:2-12 NVI)

A CAPTAÇÃO DE RECURSOS DE NEEMIAS

A captação de recursos de Neemias teve início depois de jejuns e orações, e foi também uma oportunidade para a participação do rei Artaxerxes.

> E a seguir acrescentei: Se for do agrado do rei, que me dê cartas aos governadores do Trans-Eufrates para que me deixem passar até chegar a Judá.
> Que me dê também uma carta para Asafe, guarda da floresta do rei, para que ele me forneça madeira para as vigas das portas da cidadela que fica junto ao templo, do muro da cidade e da residência que irei ocupar. Visto que a bondosa mão de Deus estava sobre mim, o rei atendeu os meus pedidos. (Ne 2:7,8 NVI).

> Ao contrário, eu mesmo me dediquei ao trabalho neste muro. Todos os meus homens de confiança foram reunidos ali para o trabalho; e não compramos nenhum pedaço de terra.
> Além do mais, cento e cinquenta homens, entre judeus do povo e seus oficiais, comiam à minha mesa, como também pessoas das nações vizinhas que vinham visitar-nos.
> Todos os dias eram preparados, à minha custa, um boi, seis das melhores ovelhas e aves, e cada dez dias eu recebia uma grande remessa de vinhos de todo tipo. Apesar de tudo isso, jamais exigi a comida destinada ao governador, pois eram demasiadas as exigências que pesavam sobre o povo. (Ne 5:16-18 NVI).

A CAPTAÇÃO DE RECURSOS DE JESUS

Jesus e os apóstolos receberam recursos para as viagens missionárias de um grupo de mulheres, incluindo recursos de origem da casa de Herodes:

> Depois disso Jesus ia passando pelas cidades e povoados proclamando as boas novas do Reino de Deus. Os Doze estavam com ele, e também algumas mulheres que haviam sido curadas de espíritos malignos e doenças: Maria, chamada Madalena, de quem haviam saído sete demônios; Joana, mulher de Cuza, administrador da casa de Herodes; Susana e muitas outras. Essas mulheres ajudavam a sustentá-los com os seus bens. (Lc 8:13 NVI).

Jesus orientou ainda seus discípulos quanto a avareza e ao sustento, como se pode observar em Mateus 10:9-11 e Lucas 10:4-8:

> Não levem nem ouro, nem prata, nem cobre em seus cintos; não levem nenhum saco de viagem, nem túnica extra, nem sandálias, nem bordão; pois o trabalhador é digno do seu sustento. Na cidade ou povoado em que entrarem, procurem alguém digno de recebê-los, e fiquem em sua casa até partirem. (Mt 10:9-11 NVI).

As instruções foram para que não ajuntassem recursos de forma avarenta, mas que vivessem com modéstia, do sustento daqueles a quem estava ministrando. O princípio é, ser sustentado por aqueles a quem está servindo. Segundo Holmes M. Bryan Jr:

> Um trabalhador digno é aquele que faz o trabalho que lhe deram para ser feito, neste caso, a pregação. É lógico que ao realizar bem o seu trabalho, ele irá custear seus gastos com mais facilidade. Neste sentido, **o custo do ministério é inseparável do custo do levantamento de fundos. A obtenção de fundos é na verdade parte do custo da divulgação do Evangelho e não um item de despesas gerais separado** (BRYAN JR IN WILLMER, p.48).

A CAPTAÇÃO DE RECURSOS DO APÓSTOLO PAULO

Paulo usou uma carta (1 Co), para apresentar a solicitação por contribuições, com argumentos racionais, lógicos e proporcional às doações recorrentes (1 Co 16:2). Novamente (2 Co 8:11 e 9.3), o apóstolo Paulo cobra uma promessa dos coríntios de cooperarem com os pobres de Jerusalém visto que ele estava envolvido numa campanha de alívio da fome (At 11:27-30; Gl 2:1-10). Ele encoraja os coríntios a contribuírem e faz isso com um apelo, tendo como exemplo, os cristãos da Macedônia:

> No primeiro dia da semana, cada um de vocês separe uma quantia, de acordo com a sua renda, reservando-a para que não seja preciso fazer coletas quando eu chegar. Então, quando eu chegar, entregarei cartas de recomendação aos homens que vocês aprovarem e os mandarei para Jerusalém com a oferta de vocês. (1 Co 16:2,3 NVI).

> Agora, irmãos, queremos que vocês tomem conhecimento da graça que Deus concedeu às igrejas da Macedônia. No meio da mais severa tribulação, a grande alegria e a extrema pobreza deles transbordaram em rica generosidade. Pois dou testemunho de que eles deram tudo quanto podiam, e até além do que podiam. Por iniciativa própria eles nos suplicaram insistentemente o privilégio de participar da assistência aos santos. E não somente fizeram o que esperávamos, mas entregaram-se primeiramente a si mesmos ao Senhor e, depois, a nós, pela vontade de Deus. (2 Co 8:1-5 NVI).

Os cristãos de Corinto tinham prometido uma oferta para os cristãos pobres da Judéia. Mas estavam demorando para enviá-la. Por isso, Paulo escreveu-lhes. Em seguida, para estimulá-los, o apóstolo mencionou o exemplo dos cristãos da Macedônia:

> Pois vocês conhecem a graça de nosso Senhor Jesus Cristo que, sendo rico, se fez pobre por amor de vocês, para que por meio de sua pobreza vocês se tornassem ricos. Este é meu conselho: convém que vocês contribuam, já que desde o ano passado vocês foram os primeiros, não somente a contribuir, mas

> também a propor esse plano. Agora, completem a obra, para que a forte disposição de realizá-la seja igualada pelo zelo em concluí-la, de acordo com os bens que vocês possuem. Porque, se há prontidão, a contribuição é aceitável de acordo com aquilo que alguém tem, e não de acordo com o que não tem. Nosso desejo não é que outros sejam aliviados enquanto vocês são sobrecarregados, mas que haja igualdade. No presente momento, a fartura de vocês suprirá a necessidade deles, para que, por sua vez, a fartura deles supra a necessidade de vocês. Então haverá igualdade, como está escrito: "Quem tinha recolhido muito não teve demais, e não faltou a quem tinha recolhido pouco (2 Co 8:9-15 NVI).

Paulo usou ainda a fabricação de tendas por um curto período, como meio de sustentar o ministério, por ocasião da estadia na casa de Áquila e Priscila:

> Depois disso Paulo saiu de Atenas e foi para Corinto. Ali, encontrou um judeu chamado Áquila, natural do Ponto, que havia chegado recentemente da Itália com Priscila, sua mulher, pois Cláudio havia ordenado que todos os judeus saíssem de Roma. Paulo foi vê-los e, uma vez que tinham a mesma profissão, ficou morando e trabalhando com eles, pois eram fabricantes de tendas. Todos os sábados ele debatia na sinagoga, e convencia judeus e gregos. Depois que Silas e Timóteo chegaram da Macedônia, Paulo se dedicou exclusivamente à pregação, testemunhando aos judeus que Jesus era o Cristo. (At 18:1-5 NVI).

Como fica evidente no texto bíblico que posteriormente, Paulo se dedica ao ministério de tempo integral, sendo sustentado com suprimentos e dinheiro, pela igreja de Filipos, uma das igrejas da Macedônia:

> Despojei outras igrejas, recebendo delas sustento, a fim de servi-los. Quando estive entre vocês e passei por alguma necessidade, não fui um peso para ninguém; pois os irmãos, quando vieram da Macedônia, supriram aquilo de que eu necessitava. Fiz tudo para não ser pesado a vocês, e continuarei a agir assim. (2 Co 11:8,9 NVI).

> Como vocês sabem, filipenses, nos seus primeiros dias no evangelho, quando parti da Macedônia, nenhuma igreja partilhou comigo no que se refere a dar e receber, exceto vocês; pois, estando eu e Tessalônica, vocês me mandaram ajuda, não apenas uma vez, mas duas, quando tive necessidade. Não que eu esteja procurando ofertas, mas o que pode ser creditado na conta de vocês. Recebi tudo, e o que tenho é mais que suficiente. Estou amplamente suprido, agora que recebi de Epafrodito os donativos que vocês enviaram. Elas são uma oferta de aroma suave, um sacrifício aceitável e agradável a Deus. (Fp 4:15-18 NVI).

A BASE DA CAPTAÇÃO

RELACIONAR

Somente, através de relacionamento os mantenedores conhecerão de fato, o caráter e integridade do mobilizador, bem como a seriedade da organização. Ganhar o coração do mantenedor para a causa e levá-lo a participar das ações. Investir tempo em explicar as motivações do trabalho social e a razão do desafio missionário. A organização filantrópica também, precisa investir no relacionamento com seus mobilizadores, isso somente é possível a longo prazo. Uma organização que troca os mobilizadores com frequência perde os investimentos realizados pelo mobilizador com os mantenedores, perde também as experiências do mobilizador, que deveriam somar como importante capital da organização para sua captação de recursos.

HISTÓRIA

É indispensável ter uma história, são elas que ligam o doador a uma causa. Da mesma forma que irá conectar, os doadores ligando-os aos elementos e às pessoas que fazem parte da trama, o que poderá influenciar na captação de recursos. Tanto a mobilização, a captação de recursos, os relatórios financeiros, quanto estratégias e projetos precisam de histórias. Reiterando a citação de Guber: "**Histórias têm o poder de tocar o coração das pessoas, suas mentes, seus pés, e seu dinheiro na direção que o narrador desejar**" (GUBER, 2013, p.06).

PEDIR

Lembre-se da diferença entre informação e comunicação. Esperar que os folders, cartazes, e-mails e mensagens genéricas deem resultado pode ser um fracasso. É imprescindível que ocorra envolvimento entre quem pede e os prováveis doadores, o que deve ocorrer através de uma boa comunicação. O pedido de doações, deve ser direto, claro e objetivo. Exemplo: Com R$ 30 reais mensais, você pode apadrinhar a Maria, que tem 06 anos, com lanche e material para o reforço escolar, no Projeto X da Vila Paraíso. Pode também adotar com uma única contribuição, no valor de R$ 360 reais por um período de um ano de adoção.

A principal razão porque as pessoas não contribuem é porque elas não são convidadas a contribuírem. Se a organização não pedir doações, outros irão pedir e sua organização não vai receber. Dentre inúmeros exemplos de captação no meio eclesiástico, a ChildFund, possui como estratégia, investir em relacionamentos com líderes e membros de diversas igrejas, para explorar oportunidades de captação de padrinhos para projetos com crianças e adolescentes.

Embora seja importante ter um departamento ou pessoa exclusivamente, dedicada a esta missão, o sucesso deste trabalho depende tão somente do envolvimento de todos os setores da organização.

OBJETIVIDADE

Porque e para que fazer a captação de fundos? Qual o objetivo específico? Tenha algo específico quando for angariar fundos, como exemplo: Viagens missionária, construção ou reforma do templo, ajuda para seminaristas, projetos sociais para crianças, etc.

ÉTICA

Lembre-se que os valores da organização são os limites que definirão quem pode ser um doador.

GRATIDÃO

Agradeça e valorize sempre a generosidade do doador. Use meritocracia, reconhecimento e benefícios, como forma de expressar gratidão. Faça homenagens, registro de louvor, entrega de certificado, reconhecimento em evento público. Jantar, café da manhã, etc. Em um grupo de 10 voluntários, eleja 3 voluntários do ano, que mais se destacaram e repita a ação todos os anos.

TRANSPARÊNCIA

Convide mantenedores para participarem da prestação de contas, para acompanhar relatórios, convide uma auditoria externa (que seja feita a título de doação dos serviços).

CASE: A OFERTA DA QUARTA FEIRA

Uma igreja não tinha o costume de levantar ofertas, como também pouco se falava sobre a necessidade de contribuir com os dízimos. Isso acontecia porque um antigo pastor que permaneceu muitos anos à frente da igreja, ensinou que não se deveria pedir ofertas de nenhuma espécie, incluindo levantar contribuições para missões, que esta deveria apenas ser retirada do orçamento mensal.

Ele propagava que havia grande vantagem nesse método, porque não criaria constrangimento em falar de dinheiro. Isso segundo ele, evitava ser comparado com igrejas que falavam muito sobre dinheiro e se envolviam em escândalos.

O resultado é que havia muitos membros e líderes que não eram dizimistas. Um novo pastor vindo de outra região, ao assumir o pastorado, renovou o entusiasmo, e desafiou a igreja biblicamente, a se comprometer com o trabalho de missões e levantar expressivas ofertas, o que foi bem-sucedido, mesmo e apesar da oposição de um diácono, muito educado, de fala mansa, que não era dizimista, mas que contribuía fielmente, com a maçonaria.

Tempos mais tarde, a mesma igreja é sucedida por outro pastor que se depara com líderes que voltaram a não ser dizimistas. E o diácono educado, da fala mansa, estava lá, firme e pronto, fazendo oposição ao novo pastor para que não falasse sobre dinheiro.

Nesse mesmo período, a Igreja recebeu uma Cia de teatro que promovia missões. O grupo pediu permissão para levantar uma oferta ao final da apresentação. O pastor lhes disse que daria uma boa contribuição, mas que não pedissem no culto, porque não havia esse costume, mas como insistiram, ele autorizou, e de fato, levantaram a oferta.

Nunca naquela igreja houve uma contribuição em um culto de quarta-feira tão expressiva, foi uma grande oferta. Pouco tempo depois ao visitar as famílias da igreja, o pastor tomou conhecimento, que muitos membros e congregados, contribuíam através de carnês com várias instituições beneficentes, inclusive com organizações que faziam apologia às doutrinas e teologias contrárias à própria igreja, como também adquiriam produtos de programas religiosos respondendo aos pedidos de recursos de outras igrejas.

O pastor concluiu que, além de ter que ensinar a doutrina bíblica da gestão cristã da vida e dos recursos[26] novamente, se não pe-

---

[26] Trata-se da Doutrina Bíblica da Mordomia. Literalmente "mor" (principal), e "domus" (casa), originado de "dominus" nome que designava o chefe das famílias patrícias. Significa a chefia ou administração da casa. Os escritores do Novo Testamento deram ao termo um significado espiritual e missiológico: os cristãos são os mordomos, administradores, gestores que servem a Deus. A função, o ofício do mordomo, por brasileirismo passou a designar privilégios, qualquer regalia,

> disse ofertas, elas seriam doadas de qualquer forma para outras instituições. Mudança de comportamento, não costuma ser fácil porque é preciso quebrar paradigmas, haver persistência, entusiasmo e disposição para assimilar um novo comportamento.

AS MOTIVAÇÕES DAS PESSOAS

No processo de mobilização e captação de recursos, embora seja importante, o planejamento, persistência e entusiasmo do captador, aliados a aplicação de estratégias, é imprescindível também conhecer a motivação do mantenedor. Como já foi destacado, a motivação do captador é baseada em uma causa que serve de inspiração para o voluntário e mantenedor, motivação final para a ação deve ser a compreensão, o compromisso e a responsabilidade com a gestão cristã bíblica dos dons, habilidades, profissão, gestão do tempo, oportunidades e relacionamentos concedidos por Deus. Segundo James F. Engel, que cita pesquisas baseadas em 15 anos em mais de 75 organizações cristãs:

> As decisões de contribuir são feitas de duas maneiras distintas e diferentes, 'raciocínio ativo' e 'raciocínio passivo', havendo muitas implicações de mordomia tanto para o doador como para a organização recebedora (ENGEL IN WILLMER, p.114).

Ainda segundo Engel, no raciocínio ativo, as ideias levam aos sentimentos, que por sua vez, levam à ação. Nesse caso, o mantenedor toma conhecimento da necessidade e depois avalia ativamente, se deve ou não contribuir financeiramente. A partir do raciocínio ativo, o ato de doar tende a proporcionar o envolvimento com a causa, visto que as necessidades e motivos pessoais

---

ou conjunto das vantagens oferecidas pelo empregador aos empregados, ou aos funcionários públicos oferecidos pelo governante, sem que lhes onere por meio de impostos. No Direito Público, pejorativamente e por depreciação designa abuso de poder na utilização do patrimônio público para atender interesses particulares. A Doutrina da Gestão Cristã dos Recursos incluem; corpo, mente, tempo, alimentos, bens materiais, dinheiro, profissão, habilidades, relacionamentos, e tudo mais que compreende a logística.

são satisfeitos. O envolvimento, pode ser maior quando a causa for altamente, emocional, como ministério com crianças, fome ou desnutrição, vítimas de desastres naturais, etc. Pode ocorrer quando a ação missionária estiver em conexão direta com o doador, como ocorre na estratégia de Sócios Ministeriais, como também, pode ocorrer quando os doadores são pessoas com mais de 50 anos, por serem mais estáveis financeiramente, e mais comprometidos com o ministério cristão.

Os mantenedores que contribuem com constância, sem interrupção, revelam alto grau de envolvimento por terem forte interesse na causa, credibilidade da organização e relatórios confiáveis, o que pode por fim, levá-los a serem "sócios da causa". Os mantenedores, se tiverem oportunidade, estarão dispostos a participar significativamente, da organização ou projeto, não apenas com oração e recursos financeiros, mas a empregarem dons, habilidades, profissão e relacionamentos atraindo outras pessoas para a causa. De acordo com Engel:

> A sociedade floresce quando há comunicação frequente e relevante. O interesse acentuado do doador irá geralmente motivar a disposição de tomar tempo para ler e processar boletins informativos, cartas de apelo, e outras formas de informação relevante (ENGEL IN WILLMER, p.119).

Deduz daí que, a partir das informações relevantes que são publicadas em boletins, cartas de oração, relatórios e outras mídias, mantenedores envolvidos com a causa, podem se interessar mais ainda pelo trabalho da organização ou projetos, ao receberem um fluxo de comunicação regular e dessa forma, estarão prontos para serem "sócios da causa".

No raciocínio passivo, a decisão é impulsiva, há pouco envolvimento com a causa antes da decisão, o ato de contribuir leva a pensar, os pensamentos levam à atitude ou sentimento. A percepção da organização e seus ministérios, é fraca, não há compreensão ou compromisso com a gestão cristã bíblica dos dons, habilidades, profissão, oportunidades e relacionamentos concedidos por Deus.

John Powell, padre jesuíta e professor da cátedra de teologia e psicologia na Loyola University, citando Abraham Maslow, psicólogo da hierarquia de necessidades, afirma que nos tornamos pessoas "autorrealizadas e inteiramente humanas" quando estabelecemos um contato significativo e profundo com o mundo à nossa volta, o que nos leva infinitamente a multiplicarmos em empatia sensível, que experimentamos em relação ao próximo. Sofremos com a dor e nos alegramos com a felicidade dos outros.

Segundo Powell: "A pessoa inteira, pode sair de si mesma, pode se comprometer com uma causa; e ela o faz livremente (...) A pessoa inteira sai em direção aos outros e a Deus, não por causa de um tipo de neurose obsessiva-compulsiva, mas de maneira livre e produtiva, simplesmente porque escolheu fazer isso" (POWELL, 2004, p.41).

Em oposição ao perfil de pessoas inteiras, Powell afirma ainda que, "há filantropos que doam parte de suas posses e de seu tempo de maneira viciada ou compulsiva", como se carregassem culpa, por este motivo, praticam uma boa ação após outra.

A motivação das pessoas em fazer doações também é tratada por Custódio Pereira que relaciona; convicções religiosas, culpa, reconhecimento, temores, autopreservação, isenção de impostos, obrigação e pressão.

PORQUE AS PESSOAS CONTRIBUEM

- Constrangimento 3,9%;
- Abordagem com criatividade 8,3%;

- Oportunidade 10%;
- Baixo valor de doação 5,6%;
- Praticidade 30%;
- Outras formas 22,2%;
- Não se aplica 19%;
- Total_____ 100%.

(PEREIRA, 2001, p.113).

FATORES QUE INFLUENCIAM SOBRE DECISÃO DE DOAR

- Conhecer a tradição da instituição para quem farei a doação 87,6%;
- Testemunhos de sucesso da atuação da instituição 80,5%;
- Conhecer a missão e os objetivos da instituição 90,9%;
- Instituições dirigidas por líderes dinâmicos e experientes 79,0%;
- Recomendação da instituição por uma pessoa de confiança 75,3%;
- Conhecer o trabalho desenvolvido pela instituição 88,3%;
- Instituição que apresenta demonstrativos financeiros quando solicitados 69,3%;
- Conhecer a proposta da instituição 85,8%.

(PEREIRA, 2001, p.114-116)

CAUSAS SOCIAIS MAIS RELEVANTES

- Crianças 46,8%;
- Velhos 7,8%;
- Analfabetos 1,3%;
- Estudantes carentes 0,9%;
- Saúde 6,5%;

- Fome e desnutrição 19%;
- Meio ambiente 0,4%;
- Desemprego 7,8%;
- Deficiência física ou mental 7,4%;
- Dependência química 2,1%;
- Total_____100%.

(PEREIRA, 2001, p.75).

MOTIVO DE NÃO CONTRIBUIR

Na sua opinião, qual é o principal motivo pelo qual as pessoas não contribuem para uma causa social?

Fatores Porcentagem:
- Porque as causas sociais devem ser de responsabilidade do governo 7,7%;
- Porque de maneira geral, as instituições que se responsabilizam por cuidar de causas sociais não são sérias 29,2%;
- Não sobra dinheiro 11,2%;
- Porque esta não é a melhor forma de ajudar o próximo 2,5%;
- Porque as pessoas não são os responsáveis pelos problemas sociais 1,0%;
- Porque já fazem muito cuidando de sua família 0,4%;
- Porque já fazem muito cuidando de seus negócios 0,4%;
- Porque as instituições que cuidam de causas sociais são mal administradas 15,0%;
- Porque são egoístas 4,7%;
- Porque não se preocupam com o próximo 15,0%;
- Sinceramente nem sei por quê 3,4%;
- Por nenhum dos motivos citados 9,5%;
- Total_____100,0%.

(PEREIRA, 2001.p73).

Até aqui, você viu

CAPTAÇÃO

Captação de recursos é a construção de logística e a procura de apoio financeiro para uma organização missionária, instituição de filantropia ou projetos sociais, é identificar como voluntários e mantenedores podem contribuir com uma causa e desafiá-los para participar de programas, projetos sociais ou uma ação missionária, educar pessoas sobre gratidão e generosidade, e associá-las a uma causa.

Para superar as adversidades da falta de recursos, é necessário desenvolver a cultura da captação de recursos financeiros nas organizações. Trata-se de um conjunto de ações e comportamentos que se inicia com treinamentos, que deve envolver as pessoas da organização e ser incorporados à rotina diária. A captação de recursos ocorre gradativamente, progressivamente, com esforço e diligência.

A captação de recursos segue um plano que procura responder, O que será feito? Quando será feito? Onde será executado? Como? Porque fazer a captação de recursos? Qual objetivo? Além disso, deve ficar claro também que além de seguir um plano, do passo a passo e da base, o segredo da captação inicia com planejamento, persistência e entusiasmo. **O foco da captação de recursos deve ser, engajar pessoas na causa para transformar e mudar vidas.**

George Mueller investiu parte significativa do seu tempo em conferências missionárias pelo mundo, ocasião em que apresentava a storytelling dos orfanatos de Bristol, descrevendo como Deus estava respondendo as orações, e assim seus ouvintes ao tomarem conhecimento, sentiam-se motivados a fazerem parte daquilo que Deus estava realizando.

Uma organização que se propõe a fazer captação de recursos, precisará definir com quantas e quais fontes de financiamento irá trabalhar, visto que as estratégias de trabalho são diferentes para cada área.

Não há sucesso na missão sem logística, ela é condição *sine qua non* **para as missões. A logística é a ação que conduz à preparação e sustentação das campanhas.** É o serviço de apoio que emprega o serviço certo, no local certo, no tempo certo, com o propósito de equipar, fornecer, movimentar e sustentar a filantropia e organizações inspiradas na fé.

A base bíblica para a captação de recursos pode ser identificada a partir da doutrina da mordomia, visto que ela trata além dos recursos financeiros e bens materiais, dos dons, habilidades, profissões, bom uso das oportunidades e relacionamentos, hábitos saudáveis, saúde física e mental, etc. **A base da captação de recursos é constituída por; relacionamentos, história, pedido, objetividade, ética, gratidão, transparência.**

ATIVIDADES

Questão 01. Assinale a alternativa correta.

1. A captação de recursos, deve ser feita com planejamento, persistência e entusiasmo.
2. Na captação de recursos, deve observar o princípio de aceitar contribuições e participação de voluntários bem-intencionados.
3. O foco da captação de recursos é engajar pessoas na causa para transformar e mudar vidas.
4. O propósito da logística de missões é organizar e sistematizar a hierarquia dos projetos, da agência missionária, promotores, mobilizadores e missionários.
5. Captação de recursos é a construção de logística e a procura de apoio financeiro para uma causa.

a. As alternativas 1 e 5 estão certas.

b. As alternativas 1, 3 e 5 estão certas.

c. As alternativas 2 e 4 estão certas.

d. As alternativas 2, 3 e 4 estão certas.

e. Todas as alternativas estão certas.

Questão 02. Como se desenvolve a cultura de captação de recursos financeiros? R:

Questão 03. Com o conjunto de palavras abaixo, formule um parágrafo sobre quem é capaz e o que é necessário para captar recursos para uma missão ou projeto de filantropia. "tímido, introvertido, dificuldades, comunicação, capaz, levantar, recursos, sustento, treinado, planejamento, persistência, entusiasmo" R:

Questão 04: Explicite o que tem poder de fazer a conexão entre pessoas, recursos financeiros, projetos e missões. R:

CAPÍTULO 3

ESTRATÉGIAS

Necessariamente, tratar de estratégias, marketing, mobilização e construção de logística, é o caminho a percorrer para solucionar os desafios de eficiência, escassez de fundos e recrutamento de voluntários para organizações inspiradas na fé. Segundo Larry F. Johnston, "estratégia é a base lógica mediante a qual a organização pretende atingir os seus objetivos" e "planejamento é a determinação racional de onde pretende ir e como vai chegar lá" (JOHNSTON IN WILLMER, p.81). Segue-se que, **o emprego de estratégias com oração e direção de Deus, com planejamento, persistência e entusiasmo, tornará as organizações missionárias com excelência e os projetos de filantropia bem-sucedidos.** Ainda segundo Johnston:

> O processo do planejamento estratégico, marketing estratégico e até obtenção 'estratégica' de fundos é essencialmente neutro. Ou seja, não há nada inerentemente bom ou mau, espiritual ou não espiritual, aceitável ou inaceitável nos processos em si. Quaisquer valores atribuídos a esses procedimentos devem ser derivados da maneira em que eles são usados, e não dos procedimentos propriamente ditos. Em outras palavras, o problema não está no valor intrínseco deles, mas em seu valor instrumental; não em que sejam usados, mas em como são usados (JOHNSTON IN WILLMER, p.81).

O CEO Waldemiro Tymchak (1937- 2007), ao apresentar o Planejamento Estratégico da JMM em 2006 afirmou;

> Ele foi elaborado debaixo de muita oração, com temor e tremor diante do Deus de Missões. Orientado pelo Espírito Santo, um grupo de líderes da nossa denominação, missionários, gerentes e funcionários da JMM se reuniram para pensar nos rumos de Missões Mundiais para os próximos anos (BARROS, 2006, p.01).

E o que foi exatamente, esse planejamento estratégico? Foi um plano de ações que definiu um caminho a seguir que considerou uma análise e dimensionamento do ambiente externo do Brasil e do mundo, de tendências dos aspectos religiosos, dos aspectos sociais, aspectos econômicos, aspectos políticos, análise das descontinuidades, oportunidades, das ameaças, planejamento financeiro, projetos missionários, e da denominação Batista etc., usando o conhecimento das ciências como instrumento para o trabalho missionário, porém, em tudo buscando a direção de Deus. Logo, toda ação foi, é, e sempre deve ser precedida por oração.

Com muita frequência, as agências missionárias e organizações filantrópicas inspiradas na fé, possuem desafios grandes em ter que atender suas demandas, e diante dos alvos que se apresentam é imprescindível transformar as instituições em estruturas mais criativas e empreendedoras, surgi daí a necessidade de definições de um caminho de ação. **Como resultado de estratégias, se cria oportunidades e se define objetivos organizacionais, aponta direções e a melhor trajetória para se chegar ao alvo estabelecido, com base em um procedimento formalizado e articulador de resultados.** Fazer uso do marketing, é aplicar conhecimento científico para encontrar o melhor caminho para uma ação, solucionar problemas e vencer desafios.

Nesse sentido, as estratégias podem incluir ferramentas do marketing social corporativo, que trabalha com campanhas de mudança de comportamento; o marketing de causas, que promove questões sociais por meio de esforços como patrocínios, acordos de licenciamento e propaganda; marketing de filantropia corporativa, que disponibiliza fundos, bens ou tempo para ajudar organizações sem fins lucrativos; Inbound Marketing, este marketing de atração, gera interesse até o momento ideal de uma abordagem para fechamento de uma oportunidade, que pode ser patrocínio, doação, parceria; marketing de relacionamento, que se preocupa em desenvolver relacionamentos profundos e duradouros com todas as pessoas envolvidas na organização e que irão influenciar o sucesso das atividades de marketing; Marketing de influência, é também uma forma de construção de relacionamento, se trata de uma abordagem que consiste em praticar ações focadas em indivíduos que exerçam influência ou liderança que pode influenciar mais do que qualquer campanha publicitária; negócios de missão[27], que são privados, mas inspirados na fé; negócios com fins sociais, que são privados, mas possuem um fim social.

Cada programa ou projeto social seja; comunidades terapêuticas, ação de socorro a desastres, ajuda a imigrantes e refugiados, campanhas de impacto evangelístico e social, missões transculturais, campanha missionária, capelania, mentoria de pastores e líderes ou plantação de igreja, possuem seus simpatizantes e adeptos, porque toca diferentes sentimentos. Haverá recursos somente para proteção de animais

> Cada programa ou projeto social seja; comunidades terapêuticas, ação de socorro a desastres, ajuda a imigrantes e refugiados, campanhas de impacto evangelístico e social, missões transculturais, campanha missionária, capelania, mentoria de pastores e líderes ou plantação de igreja, possuem seus simpatizantes e adeptos, porque toca diferentes sentimentos.

---

[27] Segundo João Mordomo, Vice-Presidente BAM Global, "BAM é a integração natural e saudável dos conceitos de negócios com o conceito de missões, das atividades de negócios com as atividades de missões, e das estruturas de negócios com as estruturas de missões, nas quais as pessoas de negócios são as pessoas de missões".

abandonados, recursos somente para crianças em situação de risco e recursos somente para plantação de igreja. **Cada causa é única, logo a mobilização de voluntários e mantenedores também será única.** Como resultado, as estratégias também devem ser personalizadas, pois não são semelhantes a receita de bolo.

Outro fator muito importante, é entender que o poder e decisões do espaço eclesiástico, incluindo igrejas e outras organizações, não está mais localizado em um espaço geográfico e não é mais absoluto, ele agora é relativo e, compartilhado com inúmeros agentes e líderes de outras denominações. O pastor ou líder de agência missionária, não possui mais controle sobre seu segmento e seus membros, outros agentes, líderes de denominações religiosas e outras agências, operam no que antes era o seu espaço geográfico, região eclesiástica ou campo de ação, onde fazem mobilização e captação de recursos. Isso se deu porque, com a globalização, conforme Zygmunt Bauman, ocorreu o fim das fronteiras geopolíticas e da compressão do tempo e do espaço, e as decisões ocorrem a partir de outra dimensão que opera através do mundo virtual.

Dito de outra forma para ser mais claro, o pastor ou líderes religiosos de uma igreja local ou denominação, que não tiverem projetos de filantropia, seus membros contribuirão com projetos de outra igreja ou denominação religiosa, porque aquele membro se sente compelido a doar para filantropia e não plantação de igrejas.

Exatamente, da mesma maneira, se determinada igreja local não tiver missões transculturais em sua agenda, membros dessa mesma igreja, farão doações para projetos de missões transculturais de outras denominações. Isso significa que, salvo exceções algumas igrejinhas do interior do continente, os membros de uma igreja nas médias e grandes cidades que encontram seu pastor duas ou três vezes por semana, se é que chega a tudo isso, passarão mais tempo com os pastores midiáticos, tanto da televisão quanto da internet, incluindo as transmissões das redes sociais em que são realizadas captação de recursos e comercializados produtos junto às mensagens devocionais e sermões.

E, as agências missionárias que realizam captação de recursos somente através da abordagem tradicional de campanhas e levantamento de ofertas dentro da sua denominação, ou ainda as que segmentam o espaço geográfico da própria denominação, agora perdem recursos, porque estes, são divididos com as organizações que adotam estratégias por meio de telemarketing, por meio das sugestões inclusas nas faturas do cartão de crédito, sugestões de caixas dos supermercados, lotéricas, boletos na rede bancária ou vaquinhas virtuais.

Frente a essa realidade e dimensão virtual, e por compreender que a ação missionária deveria ser personalizada para captar recursos humanos, materiais e financeiros, que Tymchak, CEO da Junta de Missões Mundiais da Convenção Batista Brasileira, mais conhecida como JMM, criou a Coordenação de Projetos e Desenvolvimento de Recursos-CPDR, desenvolvendo em seguida uma série de estratégias tendo como foco a expansão missionária.

> **CASE: TYMCHAK O ESTRATEGISTA DE MISSÕES**
>
> Tymchak, era um estrategista e ao mesmo tempo um mobilizador. Ele pensava e agia estrategicamente, era criativo e enxergava à frente do seu tempo. Procurava responder os desafios externos, como por exemplo, as crises econômicas e os poucos recursos, com oração e ações inovadoras, como o Programa de Adoção Missionária e o Programa de Intercessão Missionária. Formou uma equipe liderada pela CPDR, com pessoas influentes, proativas, comprometidas com missões transculturais e com perfil para trabalharem como mobilizadores de Missões Mundiais. Ensinou, treinou, os convidou para fazerem parte da equipe de elaboração de estratégias da JMM, definiu metas mensais, os distribuiu por regiões do Brasil para mobilizarem igrejas, formarem grupos de intercessão e apresentarem os projetos missionários.

Posteriormente, criou condições para esses mobilizadores visitarem os missionários, acompanharem os projetos no exterior e apresentarem relatórios às igrejas. Tymchak dizia aos seus mobilizadores; "Novos paradigmas missionários haverão de ser traçados para que continuemos avançando em direção às nações e conquistando os povos para Cristo".

Sendo assim, procurou inovar as ações da JMM e passou a investir também no trabalho com missionários autóctones (conhecidos como missionários da terra), que passaram a ser sustentados e treinados por brasileiros. Criou novas categorias como os missionários de curto-prazo, missionários fazedores de tendas, missionários enfermeiros, médicos, professores, técnicos de futebol e outros profissionais que eram enviados para países onde os missionários tradicionais eram proibidos entrar.

Desta forma, os missionários da Junta de Missões Mundiais da Convenção Batista Brasileira, passaram a usar estratégias que tornaram a propagação do evangelho mais eficaz, atuando em áreas como atendimentos médicos, orientação nutricional, ajuda a refugiados, alfabetização e outras atividades, que são viabilizados através do Plano Cooperativo, da campanha do Dia Especial e do Programa de Adoção Missionária. Em 2004 a JMM, segundo relato do missionário e jornalista Luiz Cláudio Marteletto, tinha como estratégia:

Em Angola o Centro Médico Lembi Lembi (no dialeto umbundo, "consolai, consolai"), localizado na província de Lobito, atende a população nas áreas de pediatria, ginecologia, clínica médica e nutrição, além de promover educação sanitária visando à redução das altas taxas de mortalidade infantil na região. O mesmo acontece com o Projeto Otumeme ("apascentar os cordeirinhos"), que é um trabalho de apoio à criança desnutrida. As vítimas da guerra que há mais de 30 anos castiga os angolanos não têm sido esquecidas. Através do Projeto Elavoko (em umbundo, "esperança"), os mutilados pelas minas, quase sempre esquecidos pelas autoridades, têm cursos profissionalizantes, reintegrando-se à sociedade (MARTELETTO, 2004)[28]

---

[28] Release escrito a pedido do mobilizador Ezequiel Brasil Pereira em 2004, por Luiz Cláudio Marteletto.

Essa mesma estratégia se estendeu à Botsuana, Cabo Verde, Guiné Bissau. Na Romênia, o trabalho incluiu alfabetização de adultos entre a população cigana, formada por 1,5 milhão de pessoas e no Oriente Médio, incluiu o trabalho com surdos através da Casa da Cultura para Surdos. São 11 milhões de surdos que tem dificuldades para se inserirem no mercado de trabalho e que são marginalizados até mesmo nas próprias famílias.

As estratégias de Tymchak, ainda incluíram o lançamento do Jornal de Missões, com uma tiragem de 200 mil exemplares, criou a Revista Missiológica, Vídeo Conferencias Missionárias, documentários de missões, Teleconferências Via Embratel, Plano Quinquenal de Avanço Missionário e inúmeros congressos de missões, sendo o principal deles o Congresso Proclamai Nacional, e os Proclamai Regional, todos coordenados pelo staff de mobilizadores de cada região e pela equipe da sede da JMM. Através dos congressos, com a participação de missiólogos e missionários de várias partes do mundo, despertava novos vocacionados, voluntários para viagens de curto prazo e fazia captação de recursos. Ao mesmo tempo que promovia mobilização através de palestras, treinamento e capacitação, também realizava mobilização através de engajamento, a partir dos congressos e campanhas missionárias.

É claro também, que semelhante ao mecanismo de um relógio em que cada peça é fundamental, o sucesso dessas ações se deu porque, por meio de oração, ele se cercou de pessoas certas tanto para servir o cafezinho, passando pela telefonia até às gerências. Embora fossem todas elas vitais, quem mais estava mergulhada no trabalho estratégico era a Gerência Administrativa e Financeira, liderada por Luiz Carlos de Barros. Ele foi responsável pelo cuidado com a aplicação do plano estratégico no que diz respeito a logística e recursos no Brasil e exterior, em um tempo de grande instabilidade econômica, e Deus também o abençoou grandemente.

Quando assumiu a secretaria geral da JMM em junho de 1979, Waldemiro Tymchak tinha sob sua supervisão 56 missionários, e em 2007 eram 598 distribuídos em 62 países, trabalho que incluía os países da ex URSS, países com perseguição e sem liberdade religiosa como Índia e China.

PERSPECTIVA BÍBLICA SOBRE PLANEJAMENTO E ESTRATÉGIAS

É importante entender a necessidade de se recorrer às ciências da comunicação, da administração, e se utilizar das ferramentas do marketing, planejamento e estratégias, quando se tratar de evangelização e missões, porque fazer e se utilizar da ciência é cumprir o mandato cultural (Gn 1:28; 2:17), é usar a inteligência a serviço do Reino de Deus. Nossos conhecimentos, talentos e profissão, são dons que devem ser consagrados para a glória de Deus. Desta forma, se pode observar que na Palavra de Deus o princípio da organização e planejamento, foram relevantes para salvar vidas, alimentar os povos, vencer guerras e proporcionar a prosperidade de Israel.

> O princípio da organização e planejamento, foram relevantes para salvar vidas, alimentar os povos, vencer guerras e proporcionar a prosperidade de Israel.

Dentre as referências bíblicas sobre a necessidade de ordem, metas, planejamento e estratégias, podemos destacar de antemão, alguns textos bíblicos. Observa-se que a criação seguiu um plano traçado pelo próprio Deus (Gn 1 e 2), houve uma ordem e sequência de dias para cada ato criado. Após o pecado do homem, Deus também revela um plano de redenção (Gn 3:15). Novamente, com Abraão (Gn 12), Deus revela o plano de se constituir um povo e abençoar todas as famílias da terra. Moisés ao seguir o conselho de Jetro, constituiu líderes, fez uma divisão do trabalho, articulou ações, criou regras e disciplina, ordem, hierarquia, equidade, semelhante aos princípios da teoria clássica da administração de Henri Fayol:

> Mas escolha dentre todo o povo homens capazes, tementes a Deus, dignos de confiança e inimigos de ganho desonesto. Estabeleça-os como chefes de mil, de cem, de cinquenta e de

dez. Eles estarão sempre à disposição do povo para julgar as questões. Trarão a você apenas as questões difíceis; as mais simples decidirão sozinhos. Isso tornará mais leve o seu fardo, porque eles o dividirão com você. (Ex 18:21, 22 NVI).

José do Egito (Gn 41:14-42; 47:13-21), foi colocado como primeiro ministro de Faraó, criou estratégias para que o Egito superasse uma grande crise econômica. Com organização e planejamento fez reservas para o tempo de "vacas magras" sem depender de outras nações; que fosse definido os líderes para as ações; que se fizesse estoque de alimentos em tempo de abundância; (v.48). Os capítulos 2, 3 e 4 de Neemias revelam passo a passo a importância do planejamento e de estratégias para a reconstrução dos muros de Jerusalém. Os conselhos são importantes para quem quiser fazer planos, e quem sai à guerra precisa de orientação. (Pv 20:18 NVI).

Os planos fracassam por falta de conselho, mas são bem-sucedidos quando há muitos conselheiros. (Pv 15:22 NVI).

Qual de vocês, se quiser construir uma torre, primeiro não se assenta e calcula o preço, para ver se tem dinheiro suficiente para completá-la? Pois, se lançar o alicerce e não for capaz de terminá-la, todos os que a virem rirão dele, dizendo: 'Este homem começou a construir e não foi capaz de terminar'. "Ou, qual é o rei que, pretendendo sair à guerra contra outro rei, primeiro não se assenta e pensa se com dez mil homens é capaz de enfrentar aquele que vem contra ele com vinte mil? Se não for capaz, enviará uma delegação, enquanto o outro ainda está longe, e pedirá um acordo de paz. (Lc 14:28-32 NVI).

Em Atos 1:8, temos o registro da estratégia e metas de evangelização da igreja; a orientação era ocorrer simultaneamente, tanto em Jerusalém (na cidade), quanto na Judéia (região geopolítica de abrangência maior em volta de Jerusalém), e Samaria (cidade e região geopolítica ao norte de Jerusalém, com aspectos culturais distintos da cultura predominante dos judeus. Seus habitantes eram odiados pelos judeus), e até os extremos da terra (ou seja, os lugares mais remotos, mais longínquos). Na sequência em Atos 2:42-47, o planejamento da igreja incluiu a compaixão e amor pelas pessoas, perseverar nos estudos bíblicos através dos pequenos grupos, cultivar a comunhão, oração, ajudar os necessitados e louvar a Deus.

Em razão da relevância destas ações e reiterando de forma didática, por orientação do Espírito Santo, **a estratégia da igreja de Jerusalém foi evangelizar simultaneamente, quatro áreas; Jerusalém. Judéia, Samaria e os extremos da terra.** As ações da igreja incluíram, compaixão e amor expresso em atitudes e cuidados com os necessitados, evangelização e estudos bíblicos através de pequenos grupos multiplicadores, oração, louvores e comunhão através da ágape, que eram refeições comunitárias.

O apóstolo Paulo, priorizou a evangelização nas cidades estratégicas, junto às principais vias comerciais. Seu ministério foi com estrangeiros (os gentios), e imigrantes; "Vai, porque eu te enviarei para longe, aos gentios" (At 22:21). Seu interesse era anunciar o evangelho onde ninguém tinha pregado (Rm 15:20-21).

AS REGRAS DA CAPTAÇÃO DE RECURSOS

1. Busque aliados.
2. Assegure o comprometimento da diretoria, funcionários e todos os colaboradores da instituição.
3. Transforme simpatizantes em voluntários e voluntários em doadores.
4. Tenha uma pessoa com foco em mobilização e captação de recursos.
5. Se não tiver um mobilizador, crie uma equipe de voluntários para captação de recursos.
6. Se não tiver um mobilizador, remaneje um funcionário da instituição.
7. Comece com um pequeno grupo.

8. Faça um calendário com reuniões planejadas por um ano, com a equipe de captadores.
9. Leve a equipe a estabelecer metas mensais
10. Ofereça treinamento para a equipe de mobilização ou de voluntários.
11. Defina o orçamento para investimento na captação de recursos.
12. Descreva como as doações serão gastas.
13. Tenha uma carta de apresentação ou portfólio da organização.
14. Elabore uma proposta com orçamento de adoção do projeto
15. Elabore uma apresentação ilustrada, didática e criativa sobre o projeto.
16. Avalie o ambiente interno e externo.
17. Avalie a capacidade de mobilização.
18. Defina o campo de captação de recursos: Captação corporativa, governo, o próprio Terceiro Setor, *face-to-face*, um seguimento profissional específico, etc.
19. Faça a prospecção de voluntários e doadores.
20. Identifique os potenciais doadores e mantenedores.
21. Construa um banco de dados com potenciais doadores.
22. Crie estratégias para as redes sociais.
23. Use o site da organização para captação de recursos.
24. Defina os projetos que serão apresentados aos potenciais doadores e mantenedores.
25. Deixe claro onde os recursos serão investidos.
26. Personalize o doador a um projeto específico.
27. Tenha um embaixador ou embaixadora para um projeto específico.
28. Após pesquisar a influência e credibilidade, defina quem será o embaixador ou embaixadora do projeto de filantropia ou ação missionária.

29. Gratidão, registro de louvor, reconhecimento público.
30. Comece tudo de novo.

BRAINSTORMING PARA CAPTAÇÃO DE RECURSOS[29]

1. O dia de doar

O Dia de Doar é uma iniciativa internacional que surgiu em 2012 nos EUA em contraponto ao consumo excessivo gerado nas festas de final de ano e ao dia de descontos "Black Friday". O principal objetivo do Dia de Doar, é promover a cultura de doação e a solidariedade, incentivando a mobilização de empresas, ONGs, órgãos públicos e pessoas físicas para que organizem suas próprias campanhas e ações de doação. No Brasil, o #diadedoar foi realizado pela primeira vez em 2013, no dia 30 de novembro, sem conexão com a campanha global. Em 2014, o Brasil se juntou aos demais países e realizou o seu #diadedoar na mesma data internacional, o dia 02 de dezembro. Use a ideia do dia de doar para fazer captação de recursos.

> O principal objetivo do Dia de Doar, é promover a cultura de doação e a solidariedade, incentivando a mobilização de empresas, ONGs, órgãos públicos e pessoas físicas para que organizem suas próprias campanhas e ações de doação.

2. Crie a semana de captação de fundos, junto ao *dia de doar*.

3. Crie uma cultura de captação de fundos.

4. Inclua periodicamente, na agenda da instituição, palestras sobre captação de fundos.

5. Use uma série de datas comemorativas para captação de recursos: Dia de ação de graças para fazer uma

---

[29] Enquanto esse brainstorming pode envolver uma ação externa e um público grande sobre captação de recursos, no ítem Campanha Missionária há outro brainstorming que trata apenas de uma ação interna, envolvendo menos pessoas e com foco em um alvo específico da campanha de uma pequena igreja ou organização de filantropia.

doação como gratidão. Dia das crianças, uma doação para o trabalho com crianças, etc.
6. Defina possíveis patrocinadores e combine uma contribuição para sua causa. A contribuição seria parte dos descontos nos produtos que normalmente, teria descontos. A doação seria do consumidor e da empresa patrocinadora da ação.
7. Crie junto a patrocinadores da área de alimentos o similar ao Mc Dia Feliz, com outros comércios da área de alimentação.
8. Faça vídeos curtos, com narrativas relevantes, convidando doadores para fazerem parte de uma história de superação.
9. Faça um jantar específico para pedir apoio para a causa, entre jornalistas, influencers, formadores de opinião, publicitários que trabalham com marketing digital.
10. Faça bazar beneficente.
11. Realize um festival de música. Os cantores doarão uma apresentação, o sonoplasta doará o serviço, a empresa de locação de equipamentos e o pessoal da logística doará serviços, etc.
12. Venda de bolo, cupcakes, trufas.
13. Bingo. Ganhe bons prêmios para os sorteios.
14. Captação através de telemarketing.
15. Faça a venda de produtos de catálogos ou de marketing de rede como: TupperWare, Scentsy, Rada Cutlery.
16. Faça uma pulseira de silicone estilo Livestrong.
17. Organize um passeio ciclístico, uma corrida ou caminhada.
18. Distribua cofrinhos ou mini cofrinhos personalizados com o projeto.

19. Use coletores personalizados em estabelecimentos comerciais.
20. Procure autorização da direção de um clube, um evento de corrida de carros, corrida de cavalos, uma feira de negócios etc. Trabalhe com coletores ativos, em que voluntários fazem abordagem a pessoas e solicitem uma contribuição. Para essa ação use um folder com explicações sobre a instituição e o projeto de filantropia.
21. Realize um evento festivo em parceria com lanchonetes Food Trucks. Cada lanchonete contribuirá com X% das vendas, e ainda haverá o ganho do ingresso do evento.
22. Defina um restaurante ou lanchonete e crie uma parceria em que o cliente tem a oportunidade de pagar uma refeição para sua causa.
23. Use uma plataforma digital de captação de fundos.
24. Distribua envelopes personalizados para as doações.
25. Tenha um folder para as doações.
26. Procure patrocinadores para doar livros, e faça uma feira de livros.
27. Procure doações de objetos de decoração, eletrodomésticos, eletrônicos, mobília, e faça uma feira de objetos usados.
28. Procure doações com artistas plásticos de obras de arte, e negocie a venda com um marchand.

> **CASE: PLANO COOPERATIVO MISSIONÁRIO CATÓLICO**
>
> A Igreja Católica faz captação de recursos através de um Plano Cooperativo Missionário para manutenção e ampliação dos seus trabalhos, como também por inúmeros meios e fontes de arrecadação de fundos. Aqui são destacados apenas alguns deles, que se assemelham aos realizados também por evangélicos. Através da

Sociedade para a Propagação da Fé, uma das quatro Pontifícias Obras Missionárias, sob a direção da Congregação para a Evangelização dos Povos (Roma, Itália), se realiza em mais de 150 países, a propaganda da fé.

O Plano Cooperativo Missionário, tem como objetivo manter o entusiasmo dos católicos quanto a missão universal da igreja, informar acerca dos desafios missionários no mundo, encorajar a oração e ajuda financeira para as missões, inspirar a solidariedade econômica, despertar, promover, apoiar e formar vocações missionárias.

Em dezembro de 1819, a jovem francesa, Pauline Jaricot, que desejava apoiar as missões criou o plano de pequenos grupos multiplicadores de dez pessoas, em que cada uma assumia o compromisso de fazer uma oração quotidiana por missões entre os povos que nunca ouviram sobre o evangelho, "ad gentes" (anúncio do Evangelho aos povos não cristãos, primeira evangelização), a fazer uma oferta semanal toda semana e a formar um novo grupo de 10 pessoas. Na sequência, dez grupos formaria um grupo de cem, esses grupos seriam formados em unidades de cem e centenas em milhares, cada um com seu próprio líder.

Essa captação de fundos dividida em pequenos grupos, passou a ser conhecida como Plano Cooperativo Missionário, em seguida, a iniciativa foi reconhecida pela Igreja Católica que deu início a Sociedade para a Propagação da Fé, oficialmente, em 03 de maio de 1822.

CASE: COMITÊ DE LEIGOS CATÓLICOS DE RESPONSABILIDADE MISSIONÁRIA

Em 1967, o Cardeal Spellman formou um Comitê de Leigos Católicos para contribuir para a atividade missionária em um nível pessoal. Este conceito de um comitê leigo, semelhante ao Comitê Propagação da Fé, reuniu trinta homens e mulheres de negócios da região metropolitana de Nova York, que passou a se reunir uma vez por ano com o objetivo de angariar fundos em nome do Arcebispo, para o trabalho missionário da Arquidiocese.

Os recursos são usados para apoiar projetos de missão para ajudar a construir uma igreja local e para atender necessidades médicas, educacionais e outras necessidades básicas para milhões de pessoas em todo o mundo. Eles são direcionados para os mais necessitados. (Nenhum fundo é usado para custos promocionais).

Desde 1967, o Comitê tem contribuído com mais de US $ 6.600.000,00 para as missões.

Exemplo dos investimentos missionários:

Índia

1. Fornecer uma moto para os sacerdotes para viajar para as missões na Índia $1.500.
2. Construir uma capela em Madipally Village na Diocese de Warangal, na Índia, US $ 23.764.
3. Para comprar artigos religiosos para estações missionárias em Nellikuppam, na Índia, US $1.000.
4. Adquirir um sistema de som em uma paróquia na diocese de Nelore, na Índia, US $ 900.
5. Assistência financeira para apoiar um albergue para crianças com lepocy na Índia e fornecer materiais de estudo, US $1.000.

África

1. Para comprar um veículo multiuso para um Hospital do Câncer na Tanzânia, US $ 33.468.

2. Fundos para comprar Energia Solar para a casa comunitária de Irmãos Religiosos em Uganda, US $ 1.500.

3. Solicitação de subsídio para apoiar os principais seminaristas na Tanzânia e para a compra de livros. US $ 1.000.

4. Adquirir um quadro de chaves Yamaha para estudantes de uma escola secundária em Uganda, US $ 660.

5. Comprar 40 bicicletas para catequistas para o trabalho pastoral em Uganda, US $ 3.636.

6. Fundos para construir um pavilhão para estudantes em uma escola primária em Kampala, Uganda. US $ 2.480.

7. Fundos para comprar livros para os fiéis em Tanzanian Parih, US $ 1.500.

8. Fundos para estabelecer uma casa de formação na Tanzânia para treinar candidatos locais para as Irmãs Franciscanas de Nossa Senhora da Vitória. $ 27,422.

9. Para o telhado de uma nova igreja em Mbeya, na Tanzânia. US $ 5.000.

10. Fundos para ajudar as Irmãs Missionárias do Imaculado Coração de Maria a construir um lar para órfãos e jovens com mais de dezoito anos. US $ 2.000.

11. Fundos solicitados a comprar dois tanques de água para garantir o fornecimento regular e limpo de água para as Irmãs e as Crianças das Escolas em Uganda. US $ 1.500.

América latina

1. Para reparar um Centro Pastoral danificado pelo terremoto no Equador, US $ 1.710.

2. Reparar 5 paróquias na diocese de Portoviejo danificadas pelo recente terremoto de US $ 8.000.

3. Solicitação de apoio financeiro para reparar telhados vazando de casas de formação para as Irmãs do Bom Pastor na Zâmbia US $ 1000.

MENSAGEM DA SOCIEDADE DE PROPAGAÇÃO DA FÉ DA ARQUIDIOCESE DE NOVA YORK

A Diocese recebe fundos anualmente, para auxiliar em programas de catequese, seminários, necessidades de comunicação e transporte, construção de capelas e igrejas e assistência ao trabalho das Comunidades Religiosas.

Suas doações permitem que os missionários tragam o presente da esperança aos pobres quando eles aprenderem sobre o amor de Deus Salvador por eles. Os missionários se doam às missões indo ao campo missionário, mas eles NÃO PODEM FAZER ISSO SEM VOCÊ. No batismo você foi chamado para ser um missionário, e agora você é o missionário que vai para as missões ofertando.

A Propagação da Fé é sempre fortalecida pela sua generosidade e assegura a você que sua oferta faz diferença. Se você deseja e tem os meios para causar um impacto de longo prazo na Propagação da Fé, há muitas opções a serem escolhidas além de simplesmente, preencher um cheque. Se você tiver alguma dúvida, pedimos que entre em contato conosco para maiores informações e teremos prazer em apresentar sugestões e discutir programas que atendam às suas necessidades e desejos.

Reverendo Monsenhor Marc J. Filacchione
Diretor Arquidiocesano da Propagação da Fé Arquidiocese de Nova York
1011 First Avenue
Nova York, Nova York 10022.
propagation@archny.org

CASE: OS COFRINHOS DA INFÂNCIA E ADOLESCÊNCIA MISSIONÁRIA

Por sugestão de Pauline Jaricot, o bispo francês, dom Charles Forbin-Janson fundou a Associação da Santa Infância em 1843, outro trabalho da Propagação da Fé. A ideia do trabalho era que todas as crianças do mundo pudessem conhecer a Jesus e ter uma vida digna, mas que as próprias crianças com suas orações e donativos fizessem isso, ajudando-se pelo mundo inteiro. Por isso, as crianças da IAM cooperam espiritualmente, com orações e materialmente, com ofertas, fruto de seus sacrifícios e se destinam para as obras dedicadas às crianças e para a evangelização.

> Cada mês, as crianças, com alegria, porque são frutos de seus sacrifícios, entregam sua oferta para as crianças necessitadas do mundo. As crianças e os adolescentes missionários comprometem-se a: "Repartir seus bens com os que não têm, mesmo à custa de sacrifícios" (3º Compromisso da IAM).

Os grupos da Infância Missionária são formados por 12 crianças, que, simbolicamente, lembram os apóstolos, aos quais Jesus confiou a missão de evangelizar até os confins da terra (Mt 28:16-20). São crianças e adolescentes até 14 anos de idade, que atuam como motivadoras de missões na escola, na família e na comunidade.

Os recursos arrecadados através dos cofrinhos são destinados integralmente, para apoiar projetos que "protegem a vida", como centros para crianças órfãs, casas de acolhida para crianças de rua ou assistência de saúde aos recem nascidos e escolas infantis que são prioridades. Cada ano é escolhido um continente com os países de missão, para ser destinado o dinheiro dos cofrinhos com a finalidade de ajudar crianças necessitadas onde trabalham os missionários católicos.

Como enviar o dinheiro do Cofrinho Missionário para as POM?

No Brasil, sempre que o grupo deposita as ofertas na conta bancária das Pontifícias Obras Missionárias - POM, envia ao Secretariado Nacional da IAM cópia do comprovante de depósito, através do e-mail: cofrinhoiam@pom.org.br E na sequência, o Secretariado envia o recibo do valor depositado. Todos os anos é publicado uma lista com as ofertas realizadas pelas crianças do Brasil e o destino final dos recursos.

Conta Bancárias das POM, Banco do Brasil, Agência 3413-4, Conta nº 200293-0

Infância e Adolescência Missionária

COMO FUNCIONA O COFRINHO DA IAM???

1 Os grupos da IAM tem em seu carisma a ajuda a outras crianças e adolescentes. Esse compromisso é manifestado no 3º passo da Metodologia das 4 áreas integradas que é o compromisso missionário. Nesse encontro as crianças e adolescentes são convidadas a partilhar seu sacrifício colocando sua moedinha no cofrinho.

2 A dimensão do sacrifício deve ser trabalhada nos grupos da IAM todos os meses e na celebração da Jornada Nacional (no último domingo do mês de maio) é o momento em que o grupo apresenta na procissão das oferendas o Cofrinho do grupo.

3 Os assessores da IAM com as crianças e adolescentes devem conferir o montante arrecadado e imediatamente enviar ao Secretariado Nacional da IAM, em Brasília (DF).

4 Enviar para a secretaria nacional da IAM o comprovante do deposito juntamente com os dados do grupo.

5 Os grupos receberão uma cartinha de agradecimento da secretaria nacional.

6 A secretaria nacional divulga o valor arrecadado pelos grupos agrupados por dioceses

7 O montante arrecada é repassado para a secretaria internacional em Roma

8 A secretaria internacional repassa para projetos com crianças e adolescentes

PROGRAMA DE ADOÇÃO ESTUDANTIL - PAE[30]

Uma instituição de filantropia, precisa patrocinar 20 bolsas de estudo para crianças e adolescentes.

- O custo de cada bolsa de estudo é de R$ 400 reais X 20 bolsas de estudo = R$ 8.000 reais mensais = 96 mil reais ao ano.
- A instituição precisa levantar R$ 96 mil reais por ano.
- O valor das doações é de R$ 20 reais, valor mínimo do compromisso mensal.
- São necessários 400 mantenedores X R$ 20 reais = R$ 8 mil reais por mês. Teoricamente, seria preciso 8 mil para financiar 20 bolsas de estudos.

A instituição elabora uma ficha do Plano de Adoção Estudantil – PAE Cada ficha deve ser preenchida com os dados do adotante, autorização para débito em conta, e ou autorização para débito em cartão de crédito. Deverá ter disponível as seguintes opções de adoção: R$ 20 reais, R$ 50, R$ 90, R$ 200, R$ 400 é uma opção "defina seu valor". Deverá ter a opção para doação única ou doação por 12 meses. As bolsas de estudo serão levantadas com um ano de antecedência. A instituição possui entre membros da diretoria e funcionários, 50 colaboradores.

Considere fazer uma combinação dentre algumas alternativas de captação de recursos apresentadas, de maneira que ao final de um ano sejam levantados R$ 96 mil reais.

Tendo como base o voluntariado, os primeiros a promoverem o projeto, deve ser os 50 colaboradores. Ainda que nem todos assumam o compromisso de ser mantenedor, cada um segundo sua capacidade e relacionamento com familiares, amigos, colegas e conhecidos, deve optar por ser um mantenedor ou criar uma meta pessoal para captação de mantenedores ou convidar voluntários para trabalhar no projeto de adoção estudantil.

---

[30] Modelo baseado em campanhas realizadas.

Considere, portanto, que 50 colaboradores consigam 50 novos voluntários que possam doar um dia de trabalho no primeiro semestre. Suponha que haverá um embaixador ou embaixadora, que permitirá usar imagem, vídeo e depoimento que serão usados em todas as ações durante um ano.

Entenda que o embaixador ou embaixadora, será uma pessoa popular, carismática, influente, que tenha poder de atrair pessoas para a causa. Será então um artista, cantor ou uma celebridade de boa imagem.

A doação dos colaboradores deve ser espontânea e voluntária. Embora existe opções de contribuições com muitos valores acima de R$ 20 reais, e que há a possibilidade de surgirem adoções que patrocinem uma bolsa de estudo por ano, para efeito de planejamento, vamos trabalhar sempre com o menor valor da contribuição, R$ 20 reais.

Para a realização de evento de captação de recursos, seja uma festa ou venda de produtos, faça estas considerações:

- Custo inicial do evento - preço do produto / bilhete = lucro de captação de recursos. Logo, a porcentagem que seu evento vai gerar é: Lucro / custo inicial do evento = percentagem de lucro.
- Preço do produto - preço de atacado = lucro de captação de recursos para determinar a porcentagem que seu grupo está recebendo, use esta equação: Lucro / produto preço = percentagem de lucro.

Através de uma gincana entre os 50 colaboradores e 50 novos voluntários se estabelece os seguintes alvos estratégicos:

a. Inicialmente, pense na possibilidade que apenas 20 colaboradores assumam o compromisso de serem mantenedores. 20 colaboradores X R$ 20 reais = R$ 400 reais mensais X 12 meses = R$ 4.800 reais.

b. Considere a possibilidade que 10 colaboradores que não são adotantes consigam 20 mantenedores X R$ 20 reais = R$ 400 reais mensais X 12 meses = R$ 4.800 reais.
c. Suponha que 05 colaboradores organizem com o apoio dos demais voluntários no primeiro semestre, um evento para 500 pessoas, para captação de recursos. A meta é levantar o valor mínimo de R$ 25 mil reais. Eles definem realizar uma feira gastronômica, acompanhada por um pequeno festival de música. Fazem uma boa divulgação, vendem ingressos antecipados e escolhem um local que é acessível para as pessoas participarem. Os patrocinadores, que são pessoas físicas, os que são donos de restaurantes e lanchonetes, músicos ou locadores de equipamentos de som, locadores de mesas e equipamentos para refeições, cada um faz doação do produto do seu trabalho. Avalie, portanto, que o evento possui 100% de patrocínio. O valor de cada convite ingresso é de R$ 50 reais.
d. Analise a possibilidade de fazer um jantar para 500 potenciais doadores: Convide apenas homens e mulheres de negócios como por exemplo; Gideões, Rotary, Lyons etc. O jantar deve ser 100% patrocinado. Os patrocinadores podem ser donos de restaurantes e lanchonetes. Que 20 se tornem mantenedores X R$ 20 reais = R$ 400 reais X 12 = R$ 4.800 reais e que o jantar tenha como meta levantar o valor de 50 mil reais. O valor de cada convite ingresso para o jantar beneficente é de 100 reais. Observe que os cálculos e sugestões, sempre partem da menor hipótese possível. Há muitos jantares beneficentes que os convites custam o equivalente a U$ 250 dólares. A presença do embaixador ou embaixadora é muito importante para o sucesso desse evento.

e. Pense na possibilidade, dos 05 colaboradores utilizarem as redes sociais de uma plataforma de crowdfunding para levantar durante 03 meses, recursos para uma bolsa de estudo para o período de um ano. R$ 400 X 12 = R$ 4.800 reais.
f. Concorde com a possibilidade, dos 10 voluntários trabalharem nos eventos da instituição como captadores por 06 meses. Que no período de 06 meses visitem 60 empresários ou potenciais doadores. Que 20 se tornem mantenedores X R$ 20 reais = R$ 400 reais X 12 = R$ 4.800 reais.
g. Admita nesta possibilidade, de um membro da diretoria ou funcionário, seja captador voluntário de recursos e faça a prospecção de 120 potenciais doadores em 06 meses (uma média de 04 adoções por semana). Que 20 se tornem mantenedores de R$ 20 reais = R$ 400 reais X 12 = R$ 4.800 reais.
h. Apresente o projeto e considere a possibilidade de levantar 50 padrinhos de 200 cofrinhos coletores comerciais, e considere arrecadar durante 03 meses, tendo como média R$ 25 reais cada cofrinho. R$ 25 reais X 200 cofrinhos = 5 mil reais.
i. Apresente o projeto e considere a possibilidade de levantar 50 padrinhos de 400 mini cofrinhos, considere arrecadar em 30 dias, tendo como média R$ 15 reais cada mini cofrinho. R$ 15 reais X 400 = 6 mil reais.
j. No segundo semestre, apresente o projeto e considere a possibilidade de uma prospecção de 50 grandes empresas e solicite produtos de todas elas, que serão vendidos para levantar fundos. Que destas 50 empresas, apenas 05 cooperem com o bazar beneficente. Considere que 10 co-

laboradores ou voluntários realizem com o apoio de uma igreja, ou de um clube de lazer, ou uma Universidade, um bazar beneficente com venda de roupas, bijuterias, e livros. As roupas e os livros devem ser de doações de patrocinadores pessoa física ou de lojistas. Considere a participação no mesmo evento dos Food Trucks, e que 05% da venda seja revertida para a instituição. A meta é levantar R$ 5 mil reais.

k. Considere a possibilidade, de uma prospecção de 50 grandes empresas apresente o projeto e solicite uma contribuição no valor de R$ 8 mil reais. Considere que apenas uma delas contribua com a instituição.

l. Admita a possibilidade, de uma prospecção de 50 grandes fundações que fazem investimentos sociais apresente o projeto e solicite uma contribuição de R$ 8 mil reais. Suponha que apenas uma delas contribua com a instituição.

m. Aprecie a possibilidade, de uma prospecção de 50 organismos internacionais que fazem investimentos sociais apresente o projeto e solicite R$ 32 mil reais. Considere que apenas um contribua com R$ 8 mil reais.

n. Pense na possibilidade de uma prospecção de 10 concessionárias de serviços públicos, como uma empresa telefônica, empresa de energia elétrica, empresa de fornecimento de água, etc. Apresente o projeto e considere que apenas uma seja patrocinadora de divulgação e facilidade para arrecadar X centavos em cada conta de consumo. A meta é 192 mil reais.

Uma vez por ano, no McDia Feliz, parte das vendas de Big Mac, com exceção de impostos, é doada para **melhorar a educação pública**.

EM 2019, FAÇA PARTE DESSA HISTÓRIA...

AGOSTO 24

VAMOS TRANSFORMAR BIG MAC EM EDUCAÇÃO!

Instituto Ayrton Senna

Para mais informações encaminhe um e-mail para Gabriela Gama: ggama@ias.org.br

CASE: COFRINHOS DO HOSPITAL DE CÂNCER DE BARRETOS

Recorde em solidariedade: Cofrinhos arrecadam mais de 2 milhões em 2017[31]

"Aceitamos amor em qualquer moeda" é a frase ilustrada nos cofrinhos do Hospital de Amor (HA), distribuídos por todo o Brasil como forma de captação de recursos em prol da instituição. Em 2017, a campanha bateu recorde em arrecadação: foram R$ 2.371.366,48, superando a quantia do ano anterior em 20,77%. O valor em 2016 havia sido de R$ 1.963.451,08.

A instituição possui 52.300 mil espalhados pelo país. De acordo com o responsável pelos cofrinhos do Hospital de Amor, Reinaldo Sebastião de Souza, são mais de 540 padrinhos e madrinhas, com destaques para os Estados de Goiás, Minas Gerais, Rondônia e São Paulo.

---

[31] Acedido em 25.06.18 em https://www.hcancerbarretos.com.br/82- institucional/noticiasinstitucional/2139-recorde-em-solidariedade-cofrinhos-do-hospital-arrecadam-mais-de-2milhoes--em-2017

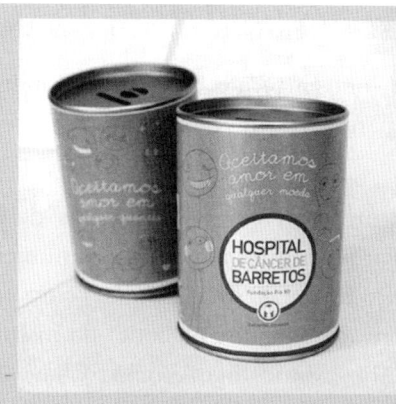

Segundo o coordenador, o aumento no número de voluntários e o empenho deles contribuiu com o recorde de arrecadação dos cofrinhos no ano passado. "Estamos muito felizes com o resultado, pois conseguimos conquistar nossa expectativa, que era alcançar os 2 milhões".

Como se tornar um padrinho de cofrinhos?

Quem desejar ser um padrinho de cofrinho deve entrar em contato com o Departamento de Captação de Recursos e Desenvolvimento do HA pelo telefone (17) 3321-6600, no ramal 6772.

Os padrinhos recebem um número maior de cofrinhos e abrangem uma área maior da cidade e da região onde vivem. Eles são os responsáveis por fazer essa intermediação. Todos eles são identificados com um crachá, explicou.

Código de Barras

Para que o departamento tenha um controle de todos os cofrinhos que saem da instituição e para uma maior segurança, os objetos possuem um código de barras que pode ser rastreado.

Além disso, todos os cofrinhos são descartados, ou seja, quando voltam à instituição, são abertos, o dinheiro é retirado e os objetos inutilizados. Em relação ao tempo que as pessoas podem ficar com os cofrinhos, o responsável conta que é ilimitado. "Como os cofres são descartáveis, é melhor que as pessoas os entreguem depois que estiverem cheios".

CASE: COFRINHOS EM JI-PARANÁ

Doações com cofrinhos arrecada R$ 18 mil. O montante em moedas é destinado para investimentos o Hospital de Câncer de Barretos (HCB)[32].

Os cofrinhos em prol do Hospital do Câncer de Barretos (HCB) espalhados em vários estabelecimentos do município de Ji-Paraná arrecadaram R$ 18.109,00 (dezoito mil, cento e nove reais) em 2015, que já foram depositados na conta da instituição pela madrinha dos cofrinhos Maricelma Almeida Chaves. "Os cofrinhos em prol do HCB, com a frase "Aceitamos amor em qualquer moeda", estão distribuídos em lojas, farmácias, supermercados, entre outros, além de muitas famílias pegarem para arrecadar em casa. Qualquer empresa ou família que quiser participar deste ato de amor pode entrar em contato comigo através dos telefones 9996-2329 e 8493-0708", informou Maricelma Chaves, que é responsável pela entrega do cofrinho em Ji-Paraná, recolhimento e depósito do valor arrecadado.

Em Ji-Paraná, a campanha começou em 2009, com o objetivo de angariar recursos para o HCB, que atende muitos pacientes do município. "Todos os anos fazemos as prestações de contas. Em 2009, foram arrecadados R$ 10 mil, em 2010 R$ 17.143,73, em 2011 R$ 21.300,04, em 2012 R$ 25.575,45, 2013 foram R$ 22.122,80 e em 2014 arrecadamos R$ 25.908,00. Este ano vamos intensificar a campanha e contamos com o apoio da população", disse a coordenadora do HCB em Ji-Paraná, Silvia Cristina.

Mais números

Os cofrinhos estão espalhados em todo o País. De acordo com Silvia Cristina, em 2015 o HCB arrecadou R$ 1.836.407,69 em cofrinhos distribuídos em estabelecimentos comerciais de todo o Brasil.

Silvia comentou ainda que o HCB recebe diversos tipos de doações e depende delas para poder sanar o déficit mensal. "Os cofrinhos dão oportunidade para que todas as pessoas tenham a chan-

---

[32] Acedido em 25.06.18
http://www.diariodaamazonia.com.br/doacoes-com-cofrinhos-arrecada-r-18-mil/?dinamico

ce de ajudar. Independentemente, da quantia, todo tipo de doação é bem-vinda, tornando-se um ato contínuo que desperta o amor pelo próximo", falou Silvia Cristina, que agradece a população de Ji-Paraná por este gesto de solidariedade e reconhecimento da importância do HCB na vida de milhares de rondonienses que são atendidos pela instituição

Hospital

O Hospital de Câncer de Barretos é uma instituição filantrópica cuja filosofia é atender ao próximo com amor e sem distinção. O local recebe pacientes de todos os Estados brasileiros com um serviço 100% SUS, conta com médicos qualificados, produz pesquisas para aumentar os índices de cura e possui uma estrutura física e tecnológica inspirada nos melhores hospitais oncológicos do mundo. (AI)

CASE: INSTITUTO RONALDO McDONALD[33]

Campanhas e Eventos

Promover a saúde e a qualidade de vida de adolescentes e crianças com câncer é a missão do Instituto Ronald McDonald e, para cumpri-la, são realizadas campanhas e eventos através de parcerias e doações de pessoas físicas e jurídicas como mais uma frente de captação para transformar o cenário do câncer infanto-juvenil no país.

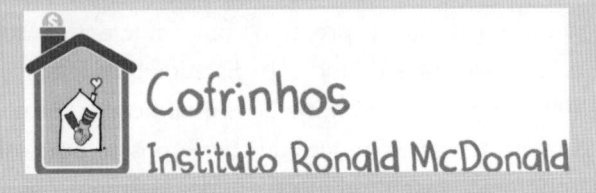

Cofrinhos Instituto Ronald McDonald

A Campanha dos Cofrinhos Instituto Ronald McDonald foi criada em 1999 e seu principal objetivo é captar recursos para o financiamento de projetos direcionados ao tratamento e a cura do câncer infantojuvenil no Brasil. Desde a sua criação até hoje, já foram arrecadados mais de R$ 18 milhões.

Presentes em todos os caixas dos restaurantes e quiosques do McDonald's, os cofrinhos são importantes ferramentas de captação de recursos e de divulgação das ações do Instituto Ronald McDonald.

Como forma de incentivar e motivar os funcionários, foi desenvolvida uma competição entre os restaurantes, a fim de identificar os que mais se esforçam e arrecadam para os cofrinhos. Através desta competição, destacaram-se algumas pessoas muito engajadas e solidárias, que motivam os funcionários a sugerirem a doação do troco para os clientes do McDonald's. Os restaurantes campeões de solidariedade são sempre reconhecidos e é com a ajuda deles e de todos os que apoiam esta iniciativa, que o Instituto consegue transformar a vida de tantas crianças e adolescentes com câncer em todo o Brasil.

---

[33] ACEDIDO EM 30.06.18 EM https://institutoronald.org.br/cancer-campanhaseventos/

MOEDAS DO BEM

O Instituto Ronald McDonald, é parceiro da Associação de Supermercados do Estado do Rio de Janeiro (ASSERJ), na realização da Campanha Moedas do Bem em supermercados do Rio de Janeiro. A ação disponibiliza cofrinhos nos caixas das lojas de grandes redes supermercadistas e o valor arrecadado é destinado à manutenção dos projetos de apoio a crianças e adolescentes que lutam contra o câncer no Brasil.

A ASSERJ é responsável por mobilizar os supermercadistas para adesão à campanha, visando o aumento de moedas para troco para as redes e o envolvimento em uma ação de responsabilidade social. A Protege Transportadora de Valores, é parceira do Instituto Ronald McDonald na ação dos cofrinhos em supermercados, recolhendo os valores arrecadados nas lojas participantes da campanha e fazendo o depósito na conta bancária do Instituto. Toda a ação é realizada de forma gratuita.

Desde 2016, a campanha Moedas do Bem acontece em mais de 150 lojas das redes de supermercado Campeão, Vianense, Intercontinental, CostAzul, Princesa, e nas farmácias Drogasmil e Tamio.

Parceiros da Campanha Moedas do Bem

JANTAR DE GALA

Criado no Brasil em 2009, o *Jantar de Gala Instituto Ronald McDonald* é uma das principais fontes de recursos do Instituto, reunindo anualmente, cerca de 500 convidados, entre empresários, executivos, artistas e personalidades. Em suas nove edições, através do patrocínio de empresas socialmente, responsáveis, foram arrecadados aproximadamente R$ 4,8 milhões, recursos destinados a projetos e iniciativas do Instituto Ronald McDonald.

Se sua empresa tem interesse em participar da 10ª edição do Jantar de Gala Instituto Ronald McDonald, em São Paulo, solicite mais informações ao Instituto. Todas as empresas que doam recursos financeiros poderão deduzir do Imposto de Renda o valor da doação, como despesa operacional, respeitando o limite de 2% do lucro operacional da empresa. Este benefício pode representar financeiramente, um retorno de até 34% do valor da doação. (Lei nº 9249 de 26/12/95, artigo 13, parágrafo II, i tem II em vigor a partir de 01/12/96.) Confira mais detalhes da última edição no hotsite do evento e fotos em nossas redes sociais.

Participe da 10ª edição do Jantar de Gala Ronald McDonald.

Entre em contato conosco.

INVITATIONAL GOLF CUP

Criado em 2004, o *Invitational Golf Cup Instituto Ronald McDonald* é hoje um dos maiores e mais tradicionais torneios de golfe beneficente do Brasil e da América Latina. O evento é realizado anualmente e reúne, a cada edição, cerca de 300 participantes, entre brasileiros e estrangeiros, jogadores de golfe e pessoas solidárias à causa.

A arrecadação do torneio – feita por meio de patrocínio e doações – beneficia o Programa Atenção Integral, iniciativa coordenada pelo Instituto Ronald McDonald, que apoia a qualificação e a humanização da assistência oncológica, a redução do abandono ao tratamento e incentiva o suporte psicossocial a crianças e adolescentes em tratamento contra o câncer e seus familiares. Todas as empresas que doam recursos financeiros poderão deduzir do Imposto de Renda o valor da doação, como despesa operacional, respeitando o limite de 2% do lucro operacional da empresa. Este benefício pode representar financeiramente um retorno de até 34% do valor da doação. (*Lei nº 9249 de 26/12/95, artigo 13, parágrafo II, i tem II em vigor a partir de 01/12/96.*)

Em 14 anos de realização, o *Invitational Golf Cup Ronald McDonald* arrecadou mais de R$ 3 milhões aplicados em projetos de combate ao câncer infantojuvenil.

Conheça mais detalhes sobre a última edição no hotsite do evento e fotos em nossas redes sociais.

A BÍBLIA É NOSSA CAUSA

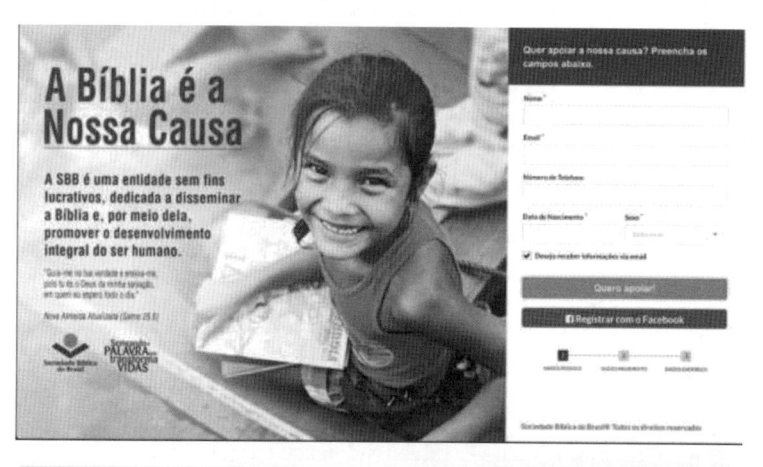

JUNHO É O MÊS DE ANIVERSÁRIO DA SBB

Participe da campanha pelo **68º Aniversário da SBB** e transforme a vida de pessoas, levando a Bíblia a comunidades em situação de risco e vulnerabilidade.

Ofertando:
- **R$ 20,00** — 1 Bíblia
- **R$ 120,00** — 6 Bíblias
- **R$ 200,00** — 10 Bíblias

Outra forma de contribuir é o **Clube Uma Bíblia por Mês**. Com ofertas a partir de **R$ 20,00 mensais**, você pode ajudar a SBB a multiplicar a esperança e beneficiar pessoas carentes em todo o País.

Minha oferta será de:
☐ R$ 20,00   ☐ R$ 120,00   ☐ R$ 200,00   ☐ Outro valor: _____

Por um período de:
☐ 1 mês   ☐ 3 meses   ☐ 6 meses   ☐ 12 meses

Da seguinte forma:
☐ Cartão de crédito   ☐ Cheque nominal à Sociedade Bíblica do Brasil
☐ Depósito Bancário (Banco Bradesco Agência 3390-1 C/C 18.512-4)
☐ Desejo participar do Clube da Bíblia com doações de R$____,00

Conheça outras formas de contribuição no site **sbb.org.br/68anos**

NOME:
SEXO: M ☐ F ☐   EST. CIVIL:
ENDEREÇO:
Nº: COMPLEM.:
BAIRRO: CEP:
CIDADE: UF:
TELEFONE: ( )   -   FAX: ( )   -
CELULAR: ( )   -
DATA DE NASCIMENTO: /   /   CPF:
E-MAIL:
DENOMINAÇÃO:

☐ Autorizo o envio de boletos (propostas de oferta para a SBB)

PARA PAGAMENTO COM CARTÃO DE CRÉDITO: ☐ VISA   ☐   ☐

NOME NO CARTÃO: DATA: /   /
NÚMERO: CÓD. SEG.:   VAL. (MÊS/ANO):   /
ASSINATURA:

COLE AQUI

CASE: SAÚDE NA ESTRADA

CASE: CAMPANHA DA AACD

A AACD - Associação de Assistência à Criança Deficiente, é uma Instituição filantrópica e sem fins lucrativos que atua no desenvolvimento de uma sociedade que convive com as diferenças porque reconhece em cada indivíduo sua capacidade de evoluir e contribuir para um mundo mais humano. Com cerca de 2.300 colaboradores, 1.700 voluntários, 15 centros de reabilitação em 7 estados, 6 fábricas de aparelhos ortopédicos e 1 hospital, a AACD trabalha nas frentes necessárias para que as pessoas com deficiência física possam atingir seu máximo potencial (reabilitação, capacitação, sustento e integração).

Para preservar o compromisso de qualidade e excelência em cada atendimento na AACD, são necessários diversos canais de captação de recursos, entre eles licenciamento de marca na comercialização de produtos.

O Pão Amigo é um pão de leite macio, saboroso e fonte de cálcio, um mineral essencial à formação dos ossos e dentes.

Agrada diversos paladares, principalmente o infantil. Parte do valor das vendas do Pão Amigo é destinada à AACD.

CASE: Panetone Cristolândia

A ideia da campanha, é fazer a doação no valor de um panetone (semelhante a um panetone virtual), no entanto há também panetones reais, para quem faz questão de adquirir esse pão com frutas cristalizadas, o que também ajuda os projetos da Cristolândia.

Raia
COMPRE E AJUDE!
TODO O LUCRO DO PROJETO É DOADO ;)
GRAACC
+ 10 PROJETOS SOCIAIS QUE TRABALHAM PELA SAÚDE
R$ 4,20
sorria
PARA SER FELIZ AGORA
MAIS DE R$ 23 MILHÕES DOADOS!
8 RAZÕES PARA DAR ATENÇÃO AOS SONHOS
COMO OUVIR UM DESABAFO?
ELOGIAR FAZ BEM COMECE CONSIGO!
SUA VIDA MAIS SAUDÁVEL EM 2020
VENDA EXCLUSIVA DROGA RAIA
Coragem para mudar
QUEBRAR TRADIÇÕES OU HÁBITOS ANTIGOS É DESAFIADOR. MAS A RECOMPENSA VALE O RISCO: SER DONO DA PRÓPRIA HISTÓRIA
banca do bem

MOL
EDITORA

O QUE FAZEMOS?

Nossa especialidade é algo que nós mesmos inventamos, há 10 anos: os projetos socioeditoriais. São produtos impressos de conteúdo – revistas, livros, calendários, guias e o que mais a gente imaginar – que fazem o bem de maneira extraordinária, seguindo estes sete princípios:

1 NOSSOS PROJETOS SEMPRE DOAM PARTE DO VALOR DE CAPA PARA APOIAR ONGS QUE LUTAM POR GRANDES CAUSAS.

PARA ONDE VAI O DINHEIRO?
Para instituições sérias que trabalham para melhorar a vida das pessoas. A causa e o público da ONG beneficiada sempre têm relação com a atuação da marca parceira do projeto e com o conteúdo da publicação. Podem ser desde grandes organizações nacionalmente conhecidas, como a AACD e o Instituto Ayrton Senna, até entidades de atuação local, como casas de apoio à terceira idade. *(Conheça as causas e as instituições que apoiamos na página 20.)*

2 NOSSOS PRODUTOS SÃO VENDIDOS POR PREÇOS ABAIXO DOS DO MERCADO TRADICIONAL, PARA **DEMOCRATIZAR O ACESSO À LEITURA.**

3 SÓ PUBLICAMOS **CONTEÚDO POSITIVO:** HISTÓRIAS REAIS INSPIRADORAS, JORNALISMO PARA A CIDADANIA E FAÇA VOCÊ MESMO PELA QUALIDADE DE VIDA.

É UM GANHA-GANHA!

QUEM FAZ O QUÊ?

A **Editora MOL** desenvolve o projeto e o modelo de negócio, produz a publicação e faz a gestão da operação.

O **varejista** distribui, promove e vende o produto, utilizando sua rede de lojas e sua vocação para influenciar pessoas.

OS BASTIDORES DA MISSÃO   161

④ VIABILIZAMOS OS PROJETOS POR MEIO DE **PARCERIAS COM MARCAS, EM MODELOS DE NEGÓCIO INOVADORES,** QUE APROVEITAM RECURSOS JÁ DISPONÍVEIS.

⑤ CRIAMOS E **GERIMOS TODOS OS PROJETOS DE PONTA A PONTA,** DO MODELO DE NEGÓCIO À PRODUÇÃO EDITORIAL, DA DISTRIBUIÇÃO AO TREINAMENTO DE VENDAS, GARANTINDO **RESULTADOS INCRÍVEIS.**

⑥ SOMOS **AUDITADOS E TRANSPARENTES** DO INÍCIO AO FIM: NA GRÁFICA, NAS VENDAS, NAS DOAÇÕES, NA PRESTAÇÃO DE CONTAS PÚBLICAS.

⑦ É SEMPRE **UM GANHA-GANHA:** PARA A MOL, AS MARCAS, OS LEITORES, AS ONGS, A SOCIEDADE. TUDO O QUE FAZEMOS **TEM DE SER BOM PARA TODOS.**

O QUE A MARCA GANHA COM ISSO?

Uma ação social e de marketing customizada de acordo com seu público e seus valores. **Parceiros varejistas, responsáveis pela venda do produto ao consumidor final, não precisam desembolsar nenhum centavo.** Basta aproveitar os recursos já disponíveis – de PDV, distribuição, comunicação, força de vendas...
O resultado é uma ação de branded content de massa, com alto resultado social, que envolve toda a cadeia de valor e os stakeholders da rede.
E não só varejistas podem participar: **qualquer empresa pode ser parceira de um projeto socioeditorial, atuando como patrocinadora.**
Ela pode anunciar em publicações que já existem ou investir na criação de um novo produto, que levará sua marca. Neste caso, a empresa recebe uma tiragem exclusiva da publicação, para distribuir para seu público interno ou externo.
(Conheça as marcas que trabalham com a gente na página 24.)

COMO A MOL GANHA DINHEIRO?

Fazendo projetos socioeditoriais! Não somos uma ONG, **somos um negócio social. Ou seja: uma empresa que tem como objetivo causar impacto positivo na sociedade,** ajudando quem precisa. Todos os nossos produtos geram doações para entidades que trabalham por grandes causas.
Ao mesmo tempo, carregamos todos os encargos, responsabilidades e direitos de qualquer empresa. Obter lucro, portanto, é um dos nossos fins. Ele está embutido no custo de produção dos projetos – em geral, equivale a 15% desse valor.

O **leitor** faz uma microdoação para uma causa em que acredita e leva em troca conteúdo de qualidade por um valor acessível.

A **instituição beneficiada** usa sua credibilidade para promover o projeto, recebe e aplica as doações e presta contas.

Quer entender em detalhes como um projeto socioeditorial é criado? Confira na página 18

ESTE CALENDÁRIO É MAIS DO QUE UMA BOA LEITURA!

1 CALENDÁRIO = 1 DOAÇÃO

PARTE DO VALOR QUE VOCÊ PAGA VAI PARA PROJETOS DE PROTEÇÃO ANIMAL. DE POUCO EM POUCO, JÁ DOAMOS MILHÕES! VEJA COMO FUNCIONA

1 A **Editora MOL** produz a publicação e coordena o ciclo do começo ao fim.

2 A **Petz** vende com exclusividade nas suas lojas.

3 **Você**, leitor, escolhe comprar o calendário e gera uma doação.

4 A **ONG beneficiada** usa os recursos para mudar o mundo.

Você é parte desse movimento!
Cada um dá sua contribuição e todo mundo sai ganhando!

R$ 750 MIL JÁ FORAM DOADOS PELA COLEÇÃO BICHOS, DA QUAL ESTE LIVRO FAZ PARTE.

OS REPASSES ÀS ONGS SÃO AUDITADOS PELA: **vacc**

QUATRO PRINCÍPIOS DOS PRODUTOS DA EDITORA MOL

Eles têm impacto social. Parte do valor que você paga é doada a ONGs que mudam o mundo.

O preço é acessível. Queremos democratizar a leitura de conteúdo de qualidade.

O conteúdo é 100% positivo. Temos a missão de espalhar otimismo e inspiração.

Você pode confiar. As contas são auditadas e publicadas em www.editoramol.com.br.

OS BASTIDORES DA MISSÃO   163

PARA ONDE VAI SEU DINHEIRO?
Confira o destino do valor que você pagou ao comprar este exemplar

R$ 3,53
É A DOAÇÃO.

R$ 7,90
É O PREÇO DO CALENDÁRIO NA PETZ.

R$ 1,69
SÃO TAXAS E IMPOSTOS.

R$ 2,68
COBREM OS CUSTOS DE PRODUÇÃO E OPERAÇÃO.

A DOAÇÃO REFERENTE A ESTE CALENDÁRIO PODE CHEGAR A MAIS DE R$ 275 MIL!

Os valores indicados no gráfico são estimativas. Para entender melhor e ver mais detalhes sobre a prestação de contas, acesse nosso site: http://www.editoramol.com.br/prestacao/coisasdeamigos

HOJE É DIA DE DOAR

Editora MOL
3 de dezembro de 2019

Hoje é o Dia de Doar!
Um dia para incentivar e celebrar a cultura da doação. Todo mundo pode participar, é só encontrar uma forma de doação que se encaixe no seu perfil!
Você pode fazer aquela limpa no armário, separar roupas e sapatos, em bom estado, que você não usa mais, mas que podem fazer outras pessoas felizes. O mesmo vale para brinquedos e livros!
E que tal tirar um tempo do seu dia e doar sangue? É bem rapidinho e você pode ajudar a salvar vidas!
Você também pode fazer uma doação em dinheiro para uma ONG que você admire o trabalho ou comprar uma das publicações da Editora MOL em um dos nossos parceiros varejistas. Tudo o que produzimos gera doações para instituições parceiras! Embarque nessa corrente do bem!

Editora MOL

Em comemoração ao Dia de Doar, que aconteceu no dia 3, todos os exemplares das Coleções Revista Sorria Oficial e TODOS vendidos no mês de dezembro terão suas doações dobradas pela Raia Drogasil. E o potencial dessa ação é incrível: podemos chegar em mais de R$ 1 milhão doado no mês, gerado pela venda das publicações e pela doação da Raia Drogasil. Estamos muito felizes em transformar o Dia de Doar em Mês de Doar!
Passe em uma farmácia Droga Raia ou Drogasil, compre o seu exemplar e doe em dobro! O valor será doado para as 19 instituições que já são apoiadas pelos projetos.

EM TEMPOS DE CRISE AJUDE ULTIMATO A ESPALHAR A BOA NOVA

SAIBA MAIS E COMPARTILHE CONOSCO O MINISTÉRIO

São quase 10.000.000 de visualizações por ano. Compartilhe conosco esse ministério e ajude a espalhar essa semente:

Acervo Digital da Revista Ultimato
Publicada desde 1968, o acervo digital reúne, na íntegra, mais de 20 anos de publicação da revista. Um excelente material de consulta e edificação, com mecanismo de busca por assunto e pela capa.

Estudos Bíblicos
Com atualização semanal, o blog Estudos Bíblicos reúne mais de 350 estudos, classificados por assunto, livro ou artigo da revista Ultimato, além de estudos bíblicos produzidos por ministérios parceiros. Um acervo rico e confiável, para estudo individual, em pequenos grupos ou na igreja.

Site Ultimato
Com atualização diária, em diferentes redes e mídias sociais, ultimatoonline abriga dezenas de colunistas, blogs, artigos de opinião, recursos para a igreja, notícias, além do catálogo de livros da ABU Editora e Editora Ultimato.

Devocional Diária
O blog Devocional Diária reúne uma seleção preciosa de meditações diárias, de autores como Eugene Peterson, C. S. Lewis, Elben César, Lutero, Stanley Jones e John Stott, além dos nossos colunistas. A cada dia, uma nova mensagem das Escrituras Sagradas.

Ações Ministeriais
São milhares de revistas e livros distribuídos gratuitamente, bem como os blogs Paralelo 10 e o Mãos Dadas, além dos artigos, notícias e reportagens que divulgam diferentes organizações cristãs e iniciativas de agentes sociais e com presidiários.

Apoio e Divulgação de Ministérios Parceiros
Há 52 anos Ultimato declara que, "ao lado de muitos outros, participa da proclamação da boa nova que nunca fica velha". Na prática, Ultimato apoia, participa e divulga o trabalho, eventos, causas e demandas de pessoas e organizações, igrejas e ministérios paraeclesiásticos.

SEU APOIO FAZ MUITA DIFERENÇA

APOIE ULTIMATO E COMPARTILHE CONOSCO O MINISTÉRIO
(2Co 5.18)

COM O SEU APOIO ULTIMATO coloca à disposição do leitor diariamente estudos bíblicos, devocionais, artigos e notícias que informam e respondem biblicamente às perguntas de hoje. E, mais: a manutenção e atualização do acervo digital da Revista Ultimato, desde 1968.

R$ 4,90
Clique aqui para doação única
Clique aqui para doação mensal

R$ 19,60
Clique aqui para doação única
Clique aqui para doação mensal

R$ 39,20
Clique aqui para doação única
Clique aqui para doação mensal

R$ 78,40
Clique aqui para doação única
Clique aqui para doação mensal

R$ 117,60
Clique aqui para doação única
Clique aqui para doação mensal

OUTRO VALOR
Clique aqui para doação única

OS BASTIDORES DA MISSÃO 167

Assim resplandeça a vossa luz diante dos homens, para que vejam as vossas boas obras e glorifiquem a vosso Pai, que está nos céus. (Mateus 5:16)

Ponte Social
Cavalcante - Goiás

ChildFund. Brasil
Fundo para Crianças

IGREJA MEMORIAL BATISTA

CHILDFUND

O ChildFund Brasil em parceria com igrejas evangélicas brasileiras está desenvolvendo o projeto Ponte Social que tem a missão de implantar projetos sociais para alcançar 2,4 milhões de crianças e suas famílias nas 371 cidades mais pobres do nosso país.

A Ponte Social, por seus resultados e envolvimento de amor solidário na comunidade de Cavalcante-GO, tem potencializado a tarefa missional da Igreja Memorial Batista de Brasília e da Primeira Igreja Batista de Goiânia na pregação do evangelho e plantação de igrejas naquele município.

Em regiões onde a pobreza é extrema, as crianças tornam-se as vítimas mais vulneráveis e negligenciadas dentre toda a população. Isso se torna ainda mais grave nas localidades nas quais a taxa média da presença do evangelho é de menos de 10 por cento.

Infelizmente nessas cidades a previsão profética do salmista tem se confirmado: "Um abismo tem chamado outro abismo", (Sl 42:7).

Para reverter esse quadro cruel, a Ponte Social une os cristãos com atos de compaixão e misericórdia, às famílias e comunidades que estão em extrema pobreza, visando das a elas um futuro seguro e com testemunho de amor.

Junte-se ao ChildFund Brasil e suas igrejas parceiras para juntos transformarmos o nosso Brasil.

OS BASTIDORES DA MISSÃO 169

Verdade
QUE *liberta*

Pais cristãos norte-coreanos precisam de ajuda na hora de ensinar os valores bíblicos aos filhos com segurança. Com a sua contribuição, livros são distribuídos para pais na Coreia do Norte.

FAÇA SUA DOAÇÃO POR:
• BOLETO
• CÓDIGO AO LADO
• SITE ABAIXO

www.portasabertas.org.br/doe

Até determinada idade, pais cristãos norte-coreanos não compartilham da fé e do evangelho com os filhos porque eles podem contar acidentalmente para outras pessoas

www.portasabertas.org.br | +55 11 2348-3330 • 2348-3331
Caixa Postal 18.105 • CEP 04626-970 • São Paulo/SP • falecom@portasabertas.org.br

mportasabertas   portasabertasbrasil   mportasabertas   missaoportasabertas

Portas Abertas
Servindo cristãos perseguidos

Visão Mundial
World Vision

Pela infância. Pela transformação. Pela vida.

Ajude uma criança na seca.

Estamos vivendo a maior seca dos últimos 50 anos e milhares de crianças estão sofrendo com esta dura realidade. Falta água pura para beber, a agricultura é escassa e atingida por pragas gerando falta de alimento, desnutrição e doenças. Sem falar da falta de emprego que contribui para uma triste situação de sobrevivência.

Mas, você pode ajudar a mudar este cenário, com a Visão Mundial.
Uma organização cristã que ajuda milhares de crianças na luta para superação da pobreza e injustiça.

Apadrinhe já uma criança! Você contribui com apenas R$ 50,00 reais mensais (menos de R$ 2,00 por dia) e transforma uma vida.

Nós apadrinhamos crianças pela Visão Mundial:

ADHEMAR DE CAMPOS | ALINE BARROS | ANA PAULA VALADÃO | ARIOVALDO RAMOS | CARLOS QUEIROZ

"Porque Ele sacia o sedento e satisfaz plenamente o faminto" Salmo 107:9

Apadrinhe já!

www.visaomundial.org.br
0300 788 7999

Siga-nos:
twitter/visaomundial_br   www.facebook.com/visaomundial

PROGRAMA DE ADOÇÃO MISSIONÁRIA - PAM[34]

O Programa de Adoção Missionária, conhecido como PAM, são ofertas designadas por crianças, adolescentes, jovens e adultos, como também por grupos, empresas e igrejas, para o financiamento de projetos e sustento de missionários através de uma contribuição única ou mais comumente, recorrente todos os meses, conhecida também como "doação planejada".

Tymchak havia dito ao mobilizador David Pina e a este autor, que quando era estudante na Inglaterra, conheceu o trabalho de mobilização e captação de recursos realizado pelas Associações de Igrejas Batistas e pela BMS World Mission, conhecida como Sociedade Missionária Batista, a mesma agência criada pelo grupo de Fuller, e que isso mais tarde o inspirou a implantar na JMM. Dessa forma, O PAM foi criado em 1981 pelo Pr Tymchak, e a Igreja Batista XV de novembro em Guadalupe RJ, foi a primeira a fazer uma adoção missionária, adotando o Pr. Antônio e Deolinda Galvão, que eram missionários na Espanha, que mais tarde, ao se aposentarem, se tornaram mobilizadores de missões. Ainda, conforme relatos dos mobilizadores, David Pina e este autor, a intenção de Tymchak, era:

> Ampliar a captação de recursos com o objetivo de criar uma personalização missionária entre um missionário ou projeto missionário específico e uma igreja ou adotante específico por meio de ofertas, oração e visita ao campo missionário. Essa ampliação de recursos também tinha o objetivo de suprir (o que foi comprovado), as crises econômicas do país e criar uma base financeira mais sólida para a JMM.

---

[34] O PAM é uma marca registrada pela Junta de Missões Mundiais, como também são marcas registradas; JMM, Jornal e Missões, Revista Missiológica Brasileira, Idemundo, MAC – Ministério Árabe Cristão, Promotor de Missões Mundiais, O Campo é o Mundo, Missionário Sustentador, Proclamai (In Relatórios 2003). O registro de domínio Voluntários Sem Fronteiras, pertence a este autor, que foi cedido à JMM por solicitação de Lauro Mandira e André Amaral.

Segundo relato de André Amaral, responsável pela equipe de mobilizadores:

> O PAM tem três grandes objetivos; ser um canal informativo e de relacionamento dos missionários com os ofertantes e intercessores. Garantir a continuidade da obra através dos recursos vindos dos adotantes e igrejas que se comprometem com o missionário e levantar um grande exército de intercessores a favor da obra missionária em todo o mundo.

A Junta de Missões Nacionais, também já fazia uso de método semelhante, o PPM – Programa de Parceria Missionária, criado em 1979 pelo Pr. Paulo Seabra, no entanto com ampliação da ação de captação de recursos, as duas organizações missionárias JMM e JMN, como também algumas Convenções Batistas regionais, passaram a adotar a estratégia com o mesmo nome.

Hoje o PAM, corresponde a mais de 55% das receitas da JMM.

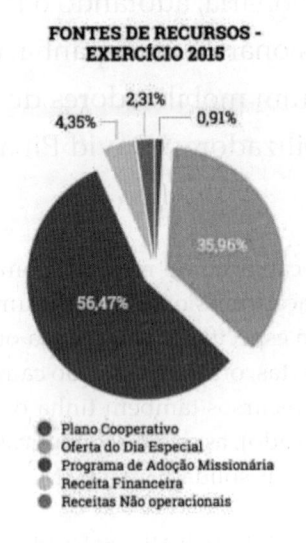

FONTES DE RECURSOS - EXERCÍCIO 2015

- Plano Cooperativo: 56,47%
- Oferta do Dia Especial: 35,96%
- Programa de Adoção Missionária: 4,35%
- Receita Financeira: 2,31%
- Receitas Não operacionais: 0,91%

(In A Colheita. 2016. n 65, p.26).

Formas de ofertar[35]

Boleto bancário – Em um dos nossos canais diretos (Canal de Relacionamento, Central de Atendimento e fichas do PAM), você indica o valor da oferta, escolhe esta modalidade e receberá o boleto diretamente, no seu e-mail para pagamento em rede bancária (ou correspondente) ou no seu banco pela internet. Semestralmente, você receberá também um carnê com os carnês correspondentes ao período do envio. Ele poderá ser quitado de uma só vez ou mensalmente.

Cartão de débito – Indicando esta forma de pagamento no momento da adoção, o valor será debitado diretamente, na conta corrente ou poupança que você indicar. Esta modalidade só é permitida para clientes dos bancos Bradesco, Banco do Brasil, Caixa Econômica Federal e Santander. É muito importante que os dados fornecidos em nossos canais estejam corretos e completos.

Cartão de crédito – Ao fazer uma nova adoção, você pode optar por pagá-la com seu cartão de crédito das bandeiras Mastercard, Visa e American Express. Também é fundamental informar todos os dados do seu cartão corretamente, para que sua adoção seja concretizada e ajude o amor de Cristo a conquistar o mundo.

Todos os adotantes recebem um alerta em seu e-mail sempre que uma nova carta do seu missionário e/ou projeto for publicada no site.

CATEGORIAS DO PAM[36]

PAMKIDS

PAM Kids

Chama-se PAM Kids a adoção feita por crianças. Através

---
[35] Com informações do site. URL: http://missoesmundiais.com.br/pam/
[36] Com informações do site. URL: http://missoesmundiais.com.br/pam/

deste programa, meninos e meninas podem enviar sua oferta e ajudar os missionários a falarem de Jesus. Com uma oferta mínima de R$ 5,00 (cinco reais) por mês, você pode ajudar os missionários a permanecerem onde estão, apresentando Jesus aos que não o conhecem.

PAMTeen

PAM Teen

Quem tem entre 12 e 18 anos de idade também pode contribuir com um missionário ou projeto de Missões Mundiais. É uma grande estratégia para despertar o comprometimento missionário na vida dos adolescentes.

PAMFamília
PAM Pequeno Grupo
PAMGalera

PAM Grupos

Um grupo (da mesma igreja ou não, parentes, amigos, colegas de turma na EBD, um coral ou banda etc.) pode participar com uma oferta mensal a partir de R$ 25,00 (vinte e cinco reais) para auxiliar no sustento de um missionário.

PAMigreja

PAM Igreja

Igrejas podem contribuir com uma oferta mensal a partir de R$ 25,00 (vinte e cinco reais) no apoio à obra missionária mundial. Para muitas igrejas este valor é pequeno e pode ser reajustado conforme sua realidade.

PAMEMPRESA

PAM Empresa ou Profissional Liberal

Empresários ou Profissionais Liberais podem participar do sustento da obra missionária mundial com uma oferta mensal a partir de R$ 30,00 (trinta reais).

CAMPANHA ANUAL

Trata-se de uma ação realizada uma vez por ano, com o propósito de captar fundos por meio de uma campanha publicitária. Segundo Tromble:

> Annual Giving – ou campanha anual – é normalmente, relacionada a instituições e organizações, recebendo suporte financeiro de ex-alunos, clientes, pacientes, e de outras fontes de doações, ano após ano, para sustentar a organização no seu exercício, financiando suas despesas operacionais [...] É o programa que sustenta, com doações, a instituição durante o ano, e assim ano após ano, todos os anos (Tromble, in Custódio. Captação de Recursos. 2001, p.46).

No caso específico da experiência da campanha anual da JMM, ela é muito bem organizada, chegando a um alto padrão de qualidade. As peças publicitárias físicas são excelentes, e são disponibilizados gratuitamente, para todas as Igrejas Batistas do

Brasil, via SEDEX, e para outros interessados, gratuitamente, no site através de downloads.

Todo o investimento publicitário é realizado sem comprometer a aplicação destinada aos projetos e sustento dos missionários. São auditados por controle interno e auditados por controle externo. Todos os anos são editados vídeos promocionais, documentários, revistas, revista infantil, vídeo infantil, livros, e-books, partituras e músicas cifradas, banners, cartazes e molduras etc.

Como regra geral, a campanha da JMM e JMN, bem como de algumas Convenções Batistas regionais, seguem todos os anos um manual da campanha, a Revista do Promotor, que é disponibilizado para o promotor de missões, com o passo a passo, como fazer uma campanha, levantar a oferta do dia especial e mobilizar intercessores para missões.

Há igrejas ou organizações missionárias, que não realizam a campanha missionária, mesmo fazendo investimentos em missões. Por auto engano, não há outra explicação para isso, acreditam que incluir os investimentos de missões no orçamento da igreja, associação de igrejas ou organização, é melhor por não ter que falar em dinheiro, alegam que economizam com os recursos da promoção da campanha, principalmente, quando há a necessidade de impressos gráficos, argumentam que não possuem equipe suficiente para promoverem a campanha, alegam que reforçam as receitas por meio de dízimos na igreja local, quando recebem receitas do Plano Cooperativo, alegam que os recursos já suprem as necessidades.

Mas o que eles esquecem ou ignoram? É possível que não há conhecimento que, se não pedirem dinheiro aos membros das suas igrejas, outros de outras igrejas ou denominações pedirão e receberão, os recursos financiarão igrejas que não são saudáveis e não são comprometidas com a Palavra de Deus, os recursos serão doados a pessoas inescrupulosas que usam de artifícios de piedade e compaixão, é provável que não saibam que há pessoas desejosas de contribuírem, pessoas com o dom da contribuição, não sabem que há projetos que atrairão pessoas para uma causa que lhes aqueçam o coração.

COMO FAZER A CAMPANHA

A campanha missionária além das peças publicitárias, geralmente, segue um roteiro de atividades com sugestões de programas. Missões mundiais realiza sua campanha nos meses de março e abril, janeiro e fevereiro normalmente, são usados no planejamento e preparo da campanha. Missões Nacionais, reserva os meses de setembro, outubro e novembro, mas usa também o mês de agosto para planejamento e preparo. Dentre as sugestões pode haver;

O Momento Missionário: É um período que é planejado para ser inserido na ordem de culto durante o período da campanha. Assim, em cada culto são destinados um período para transmissão de vídeo, ou para compartilhar informações sobre um campo missionário, seguido de cânticos de missões e intercessão missionária. Nesse momento missionário, o promotor pode por exemplo, ser um cover do missionário e fazer um relato de uma experiência, um testemunho do poder de Deus, da intervenção e da resposta às orações, em seguida, são recitados o tema da campanha, a divisa, e são realizados desafios para adoção missionária, como também se fala do alvo de missões para o dia especial, normalmente, o último domingo do encerramento da campanha.

De modo geral, para uma campanha bem-sucedida são necessários; planejamento, meta geral, alvos específicos, prazo, fontes de recursos, lista de prospecção, tarefas, petição, impressos e mídia. No planejamento são realizados os estudos, como serão a campanha, traçados os caminhos a serem percorridos pela campanha, o preparo do trabalho e das tarefas. A meta geral é definida, o que se pretende alcançar, por exemplo; 19 milhões de reais em 9 mil igrejas e 4 mil frentes missionárias (congregações), batistas.

O alvo específico será de acordo com cada igreja e frente missionária, por exemplo; a igreja local deve levantar R$ 4 mil reais. Este alvo pode ainda, ser dividido entre os departamentos e organizações de cada igreja. Prazo, são os meses, todo o período necessário para a campanha, a data de início e de encerramento da campanha.

As fontes de recursos serão; em primeiro lugar, as próprias igrejas, seguidos de contribuições de pessoas, pequenos grupos, organizações missionárias auxiliares destas igrejas, empresas de pessoas ligadas às igrejas. A lista de prospecção é feita depois que se define o público alvo, neste caso, o público alvo foi "Igrejas Batistas". Na sequência se faz uma lista com o perfil destas igrejas: que contribuem muito com missões, que contribuem pouco com missões, igrejas que não contribuem com missões.

Pastores que investem em missões e pastores que não investem em missões. Líderes que são receptivos a abordagem de missões e líderes que não são receptivos a abordagem de missões, igrejas que possuem membros que são grandes empresários, que possuem pequenos empresários e pequenos comerciantes, igrejas que participaram de viagens missionárias, que não participaram de viagens missionárias etc. Depois, da definição do perfil, se faz uma abordagem ativa.

Quanto às tarefas, quem faz o que? Elas são divididas entre os mobilizadores, promotores regionais, promotores locais, membros de conselho missionário, staff da organização missionária etc. Os impressos e mídia, são recursos preparados pela organização missionária, com o tema da campanha, geralmente, baseado em um texto bíblico, chamado de divisa, um hino ou cântico para a campanha, uma imagem principal e imagens secundárias que serão exploradas. Por último, nunca esquecer dos relatórios e agradecimentos. Petição, se trata do pedido da contribuição.

O mobilizador ou promotor deve ter ou desenvolver um feeling, para poder saber o momento certo de fazer o pedido de contribuição. Para isto ele precisa reconhecer o timing, "calcular o momento oportuno". Por exemplo, em uma apresentação com testemunho missionário, é preciso haver um clímax na narrativa da experiência, esse tem de se o tempo oportuno para convidar os ouvintes a fazerem parte da história, possibilitando uma saída de uma situação, ou ser parte da transformação de vidas.

Para isso há uma janela de oportunidade, que logo se fecha, então, as fichas e canetas para adoção do projeto tem que ser distribuídas rapidamente, não pode haver empecilhos, obstáculos de nenhuma natureza, atrasos em atender solicitações, vergonha para abordagens etc. Em um ambiente ou auditório com muitas pessoas sentadas, os promotores de missões, ou os auxiliares voluntários da mobilização e captação de recursos, é necessário estar sentados estrategicamente, bem posicionados, e levantar ao sinal da liderança da captação de fundos para as abordagens. Enquanto se faz as abordagens, há uma demora em preencher fichas, para tal é importante que seja preenchida preferencialmente, pelos auxiliares da captação. A melhor recompensa para este tipo de abordagens são livros e camisetas que são entregues com as fichas preenchidas.

CONGRESSO OU CONFERÊNCIA MISSIONÁRIA

Os congressos, além das mensagens e testemunhos inspirativos, são acompanhados por oficinas, palestras, estudos e divididas por temas. As conferências se restringem às preleções e testemunhos. Os congressos ou conferências, geralmente, usam o tema escolhido para o período da campanha. Também é comum igrejas se unirem na realização de congressos tendo a participação dos missionários. Os mobilizadores costumam assessorar ou coordenar esses congressos mesmo quando são realizados pelas igrejas.

CORREDOR DE MISSÕES

Um dos corredores pode estar decorado semelhante a uma sala de missões, com gravuras, pôsteres, banners, bandeiras, informações sobre os projetos etc. A vantagem ocorre por ser um local com maior fluxo de pessoas. Alguns corredores encontrar-se-ão decorados permanentemente, ou acrescentando sempre informações novas, emoldurando os cartazes da campanha a cada ano.

SALA DE MISSÕES

Será ótimo se a sala de missões for uma sala usada em outro período ou horário, por uma das organizações da igreja. Por exemplo, se as senhoras se reunirem durante a semana, ou se os adolescentes usarem a sala somente em um período das atividades, o outro período pode ser usado como sala de missões. A vantagem é que a sala por ser multiuso, será também um espaço educativo para quem fizer uso. Esta sala pode ser decorada com motivos de missões, galeria dos missionários, cartazes, banners etc.

VIGÍLIA MISSIONÁRIA

Por vigília se entende tratar de uma das quatro partes em que se dividia a noite, segundo o costume do judaísmo, herdado pelo cristianismo. Essa vigília é um culto com oportunidade para que todos os participantes orem e louvem a Deus. O motivo do encontro será orar por missões, e são muitos os motivos. É uma oportunidade para trabalhar a consciência missionária, para testemunhos intercalados com cânticos e orações.

PEQUENOS GRUPOS

Prepare cartões com motivos de orações e cartões com informações sobre o campo missionário e distribua para os pequenos grupos da igreja.

MENSAGEM DO CULTO

Ore e planeje mensagem sobre os desafios de missões entre povos não alcançados, mensagens para despertar vocacionados, mensagens sobre gratidão e missões, generosidade e missões etc. Convide pessoas para atenderem os desafios missionários, investirem recursos materiais e financeiros, participarem de viagens de curto prazo e ou para se apresentarem para o trabalho missionário de tempo integral.

BRAINSTORMING DE UMA CAMPANHA DE MISSÕES

1. Use recursos multimídia, hoje facilmente acessível.
2. Use cartazes e banners em locais estratégicos do templo ou salão de culto.
3. Tenha sempre na seleção dos cânticos, temas de missões.
4. Os fantoches também fazem muito sucesso entre adultos, não somente com crianças. Insira fantoches em um programa de missões.
5. Faça uma entrevista por telefone ou vídeo com um missionário que esteja no campo.
6. Crie um painel ou mural de missões durante a campanha.
7. Culto das nações. A igreja pode fazer um culto temático em que cada membro na ocasião, vista uma roupa que represente um campo missionário. Consegue também preparar um local decorado com estandes de cada nação representada em que naquele espaço se faz oração por

aquela nação e adote projetos ou missionários específicos para aquele povo não alcançado.
8. Crie alvos para adoção de projetos ou campos missionários, específicos para 03, 06, 09 ,12 e 24 meses. Distribua as fichas de adoção, faça abordagens pessoalmente. Os líderes têm que ser os primeiros a aceitarem o desafio para estimular toda a igreja. A cada 03, 06, 09, 12 e 24 meses, realize um período missionário no culto com prestação de contas, relatórios e testemunhos.
9. Faça jantar ou almoço missionário. Arrecade todos os ingredientes com antecedência para que a captação dos recursos seja livre de despesas. No mesmo evento realize a festa da laranja. Para cada semente dois reais de doação.
10. Faça bazar missionário. Solicite doação de calçados e roupas seminovas dos participantes do bazar e roupas novas no comércio.
11. Faça a doação de 01, 02 ou 03 meses de consumo de refrigerantes, doces, sorvetes e sanduíches.
12. Desligue o stand-by dos equipamentos eletrônicos, e faça a doação em oferta para missões de 12% do consumo da energia elétrica da sua casa. Os aparelhos ligados em stand-by (modo de espera) também são ladrões silenciosos de energia. Segundo o Instituto Akatu, no caso de um aparelho de DVD, por exemplo, o gasto do aparelho ligado em stand-by pode ser maior que durante o seu uso. Todos os aparelhos em stand-by podem representar 12% do consumo de uma casa. Se o aparelho for usado por duas horas, duas vezes por semana, ficando o resto do tempo em stand-by, em um mês vai consumir energia suficiente para usar o DVD por quatro meses[37].

---

[37] https://economia.uol.com.br/financas-pessoais/noticias/redacao/2015/01/28/aparelhos-ems-tand-by-gastam-12-da-luz-de-uma-casa-aprenda-a-economizar.htm

13. Dia da trufa. Crie duas equipes, uma para fazer e outra equipe para vender trufas. Escolha um local público, uma praça, porta de faculdade, proximidades de uma feira, final de um evento etc., e leve toda a equipe uniformizada para vender trufas.
14. Negocie direto na editora, compre alguns livros de missões como biografias missionárias e livros inspirativos de missões como os de Oswald Smith para revenda na igreja. Comece com os líderes até atingir toda a igreja. A meta dever ser pelo menos um livro por família. O ganho poderá ser até 40%.
15. Dia do sapato brilhante. Faça uma equipe, separe um dia e ofereça serviços de lavar tênis, e ou engraxar sapatos. Divulgue que a renda será para missões ou um projeto missionário.

O PLANO COOPERATIVO BATISTA

Embora o Programa Cooperativo, mais conhecido como Plano Cooperativo seja um sistema de cooperação baseado no princípio de cooperação das igrejas do Novo Testamento, ele recebeu grande influência da cultura norte americana, visto que na formação dos EUA a ideia de formação da nação, teve como base as colônias de povoamento. Como os imigrantes chegavam e não encontravam uma estrutura política que oferecesse benefícios públicos, acabaram por desenvolver as características de solidariedade e associativismo, aspectos que foram fundamentais para o desenvolvimento dos Estados Unidos.

Esta premissa pode ser confirmada ao observar a investigação de Tocqueville em "A Democracia na América". Essa obra publicada em 1835, destaca que a tradição associativa fazia parte da cultura norte-americana. Segundo Tocqueville:

> Os americanos de todas as idades e mentalidades unem-se constantemente. Não só possuem associações comerciais e industriais, nas quais todos tomam parte, mas ainda outras de mil espécies diferentes: religiosas, morais, graves ou fúteis, extremamente gerais ou muito particulares, imensas ou mínimas; os americanos se associam para dar festas, fundar seminários, construir albergues, erigir igrejas, difundir livros, enviar missionários aos antípodas; criam desse modo hospitais, prisões, escolas (TOCQUEVILLE IN OS PENSADORES, 1979, p.287).

Segue-se daí que, esse foi o contexto para a criação da Convenção Trienal em 1814, que mais tarde, em 1845 deu origem a Convenção Batista do Sul, que por sua vez em 1925 criou o Plano Cooperativo, que é um sistema cooperativo, em que um percentual dos dízimos é entregue por cada igreja local, como expressão de um esforço conjunto de todos os batistas em todos os continentes, para compartilhar o evangelho até os extremos da terra.

Ele representa a boa gestão dos recursos, como reconhecimento da soberania de Deus e um compromisso com o ide de Jesus Cristo. Segundo o Conselho Executivo da Convenção Batista do Sul (EUA), o Plano Cooperativo é:

> Um canal financeiro de cooperação entre as convenções estaduais e a Convenção Batista do Sul que possibilita todas as pessoas que dão ofertas não designadas através de suas igrejas a sustentarem o trabalho missionário, educacional e beneficente da convenção estadual e também o trabalho da Convenção Batista do Sul (ANUÁRIO DA CBS DE 1979 EM BLEDSOE).

Como resultado da fidelidade de cada membro, as igrejas e convenções decidem com generosidade empregar uma parte dos recursos entregues, para que o evangelho seja compartilhado em cada país, nação e povo não alcançado pela força e instrumenta-

> É o Plano Cooperativo que financia a logística da formação teológica, educação cristã, plantação de igrejas e expansão missionária no mundo.

lidade do Plano Cooperativo que financia a logística da formação teológica, educação cristã, plantação de igrejas e expansão missionária no mundo.

Portanto, **o Plano Cooperativo** é um instrumento para o cumprimento da Grande Comissão, e através dele também são viabilizados todos os meios necessários como educação teológica e educação cristã, que formam pastores, missionários, educadores, músicos, evangelistas, recursos pedagógicos, material de estudos e tudo mais que for preciso para que a Grande Comissão seja cumprida com o máximo de urgência e eficiência.

Seguindo a influência dos batistas norte-americanos, os executivos batistas das Convenções estaduais no Brasil, apresentaram a proposta para sua criação, em 1957 durante a Assembleia Anual da Convenção Batista Brasileira, em Belo Horizonte. Foi criado para a manutenção da estrutura geral dos batistas brasileiros e como método para desenvolver o trabalho de missões. O Plano Cooperativo foi apresentado em 1957, e o primeiro orçamento para distribuição das receitas feito em 1958, começando a vigorar em 1959. Para que foi criado o Plano Cooperativo no Brasil?

Segundo o folheto do Departamento de Mordomia e Estatística, de 1996 PC-10 "Plano Cooperativo: Um Plano Bíblico", o objetivo:

- Coordenar os apelos das juntas às igrejas em um único apelo.
- Assegurar o crescimento proporcional, harmonioso e constante de todos os aspectos da obra denominacional;
- Prover fontes de recursos, visando à autonomia do sustento denominacional;

- Manter um plano de sustento financeiro para todas as entidades em harmonia com o desejo das igrejas no sentido da unidade denominacional nacional;
- Dar recursos para o desenvolvimento da obra denominacional em nível estadual;
- Proporcionar às igrejas uma visão global do trabalho denominacional e uma oportunidade de se envolverem na obra com uma visão não segmentada;

O Plano Cooperativo oferece meios para cumprir o programa de Jesus para a evangelização simultânea de:

> Jerusalém, Judéia, Samaria e até os confins da terra", conforme Atos 1.8b. O Plano Cooperativo, um programa bíblico em sua origem, filosofia e finalidade, dá sustento regular, crescente e envolvente à obra cooperativa das igrejas batistas do Brasil. O Plano Cooperativo visa a dar recursos previsíveis e suficientes para o sustento denominacional nos níveis das associações, convenções estaduais e Convenção Batista Brasileira.

A PERSPECTIVA BÍBLICA DO PLANO COOPERATIVO

O Plano Cooperativo parte de uma perspectiva bíblica e missionária. Jesus Cristo foi um missionário que em missão, veio de longe para salvar os que Deus Pai havia lhe dado (Jo 3:16; Lc 19:10). Por sua vez, a igreja foi comissionada a fim de ser missionária (Mt 28:18-20; Mc 16:15; Lc 24:46, 47; Jo 20:21; At 1:8), e como parte do corpo de Cristo, os Batistas criaram o Plano Cooperativo, que é uma ação para financiar a logística das ações que visam o crescimento da igreja local e de promover missões conforme o princípio de cooperação das igrejas do Novo Testamento.

Segue-se que o envolvimento com orações e cooperação das igrejas com o trabalho de outras igrejas mais necessitadas, como também com o sustento de missões é bíblico;

> Então, os discípulos saíram e pregaram por toda parte; e o Senhor cooperava com eles, confirmando a palavra com os sinais que a acompanhavam (Mc 16:20 NVI).
>
> Pois nós somos cooperadores de Deus; vocês são lavoura de Deus e edifício de Deus (1 Co 3:9 NVI).
>
> Enquanto vocês nos ajudam com as suas orações. Assim muitos darão graças por nossa causa, pelo favor a nós concedido em resposta às orações de muitos (2 Co 1:11 NVI).
>
> Como cooperadores de Deus, insistimos com vocês para não receberem em vão a graça de Deus (2 Co 6:1 NVI).
>
> Eles nos suplicaram insistentemente o privilégio de participar da assistência aos santos (2 Co 8:4 NVI).
>
> E não somente fizeram o que esperávamos, mas entregaram-se primeiramente a si mesmos ao Senhor e, depois, a nós, pela vontade de Deus" (2 Co 8:5 NVI).
>
> Por causa da cooperação que vocês têm dado ao evangelho, desde o primeiro dia até agora (Fp 1:5 NVI).
>
> Contudo, penso que será necessário enviar-lhes de volta Epafrodito, meu irmão, cooperador e companheiro de lutas, mensageiro que vocês enviaram para atender às minhas necessidades (Fp 2:25 NVI).
>
> Alegro-me grandemente no Senhor, porque finalmente vocês renovaram o seu interesse por mim. De fato, vocês já se interessavam, mas não tinham oportunidade para demonstrá-lo (Fp 4:10 NVI).

Isto posto, se pode observar que as igrejas do Novo Testamento estavam comprometidas em cooperar com plantação de igrejas e missões por meio de orações, ofertas e envio de missionários.

E como resultado do amor e exemplo destes cristãos, que se entregaram primeiramente a Deus, o evangelho alcançou povos estrangeiros. Por ter sido compartilhado com outras nações, temos a salvação em Jesus Cristo, e assim como fizeram no passado, cabe a igreja hoje, usar de meios para que o evangelho continue e alcance também outras pessoas através da participação de cada cristão.

CONSAGRAÇÃO DE VIDA

Logo se pode concluir que, para o fortalecimento da igreja local e expansão do evangelho, a primeira ação é se entregar a Deus. É uma decisão individual. Em seguida, por gratidão e obediência pelo que Ele fez, a pessoa se compromete a devolver a Ele, através de sua igreja, uma porção do que Ele provê. Isso é comumente, chamado de dízimo e representa dez por cento da renda de cada pessoa (Lv 27:30; Ml 3:10).

Na sequência, a igreja é responsável pelo próximo passo. É uma decisão da congregação que no mesmo espírito de cooperação, que um dia financiou o início do seu trabalho como uma missão, e que da mesma forma sustentou missionários que compartilharam o evangelho que chegou a cada pessoa, faz o mesmo para que o evangelho possa continuar alcançando outras pessoas.

O valor da contribuição do Plano Cooperativo, deve seguir o mesmo princípio de contribuição que cada membro faz em sua igreja local, que é o padrão de doação da igreja do Novo Testamento. Dar o dízimo e além, à medida que se prospera. Porque dar em resposta à graça de Deus, é sempre maior que simplesmente, a décima parte. Este valor então, é enviado à Convenção Batista do Estado, que financia as ações de missões no estado, através de investimentos em organizações missionárias estaduais, plantação de igrejas, formação de pastores, líderes e educadores cristãos.

Na sequência, novamente, a Convenção estadual envia a décima parte à Convenção Batista Brasileira, que financia as ações de missões no Brasil através de grandes instituições de educação teológica, agências missionárias e órgãos auxiliares de missões. Segundo o entendimento dos batistas brasileiros:

> Quando o crente entrega seu dízimo à Igreja, ele o faz individualmente; quando a Igreja entrega seu Plano Cooperativo, ela também o faz individualmente, como Igreja, porém, já expressando a coletividade dos seus membros. Quando muitas Igrejas entregam seus Planos Cooperativos à Convenção estadual, elas agem coletiva e solidariamente; quando as Convenções estaduais enviam seus Planos Cooperativos à Convenção Batista Brasileira, elas expressam a participação comunitária e solidária de crentes, Igrejas e Convenções. Ao procederem assim, dão à CBB condições de repartir o dízimo dos dizimistas com toda a obra Batista brasileira e mundial, que é contemplada com os percentuais do orçamento do Plano Cooperativo recebido[38]

A Convenção Batista Brasileira por sua vez, separa e envia um percentual à União Batista Latino-Americana (UBLA), e Aliança Batista Mundial, que faz chegar como apoio às ações de evangelização, socorro aos batistas que sofrem perseguição religiosa, que são refugiados, imigrantes, pessoas em situação de calamidades e desastres, socorro as crianças em situação de risco, programas de combate à fome e outros. Esse é o alcance do dízimo de cada batista, das igrejas grande ou pequena espalhada pelo mundo. Enfim, através do dízimo dos dízimos, o Plano Cooperativo constrói uma rede de apoio dos batistas, para alcançar cada cidade, nação e os continentes, até os confins da terra.

Por fim, o Plano Cooperativo:

- Apresenta um orçamento unificado e abrangente, que faz uma cobertura de financiamento sobre missões e ministérios estaduais, nacionais e internacionais;
- Fornece sustentabilidade de longo prazo para as entidades e organizações missionárias. Quando uma igreja faz missões contribuindo como uma porcentagem dos orçamentos da igreja, ela fornece consistência e estabilidade;

---

[38] Plano Cooperativo da CBB. URL:
http://www.convencaobatista.com.br/siteNovo/pagina.php?EVE_ID=49 Acedido em 16.07.18

- Fortalece o princípio Batista de longo prazo que "podemos fazer mais juntos do que sozinhos".

NÚMEROS QUE EMOCIONAM

O Plano Cooperativo perde sua força e a arrecadação diminui, no momento em que deixa de ser conhecido e reconhecido como instrumento de sustento do trabalho missionário, quando as organizações auxiliares que recebem os recursos do PC não participam da sua propaganda, quando estas organizações não apresentam bons resultados das ações, quando a estrutura se torna cara e pesada, na ocasião em que não há relatórios confiáveis, sempre que os relatórios são longos e cansativos, ao passo que não são percebidos os projetos que recebem esses recursos, quando não há projetos sociais, cada vez que ocorre muitas mudanças de líderes na condução de missões.

De outro modo, é importante destacar que a solução para problemas dessa natureza, será repactuar o PC, incluir nos currículos de educação teológica e educação cristã, incluir no programa de estudos da Escola Bíblica Dominical, as organizações auxiliares terem compromisso com a propaganda do PC. Os relatórios tanto das organizações auxiliares quanto da gestão de missões, não devem se resumir a apresentações em assembleias de Convenção ou associação de igrejas, mas devem ser compartilhados com mais frequência diretamente aos dizimistas da igreja local.

Quanto aos projetos sociais, estes possuem um forte apelo emocional, que não devem ser ignorados ou dissociados da plantação de igrejas, até mesmo porque os projetos sociais trazem consigo muitas histórias de transformação e o Plano Cooperativo tem que necessariamente, ser propagado com histórias que aqueçam o coração. Os números cansativos e difíceis de entender dos relatórios do plano cooperativo devem ser transformados em histórias que emocionam.

Os desafios, números e cifras do Plano Cooperativo, como

também relatórios de trabalho, emocionam e se tornam atraentes, quando são apresentados com storytelling inspirativas como fez Elijah M. Brown, executivo da BWA - Baptist World Alliance, em sua mensagem na 98ª Assembleia da Convenção Batista Brasileira - 2018, em Poços de Caldas. Na ocasião, ele apresentou relatórios do trabalho batista no mundo com pequenas histórias inspirativas, testemunhada por ele, em que os números, a medida em que eram apresentados, eram aguardados em suspense. Como não prestar atenção?

Em seu sermão com o tema; A JUSTIÇA A LUZ DA CRUZ, baseado em João 19:38, ele falou das duas testemunhas da páscoa, José de Arimatéia e Nicodemos, que eram discípulos ocultos, que decidiram assumir uma posição, justamente, no momento mais difícil, quando todos haviam abandonados Jesus e que hoje igualmente, o mundo clama por pessoas que testemunhem e reivindiquem a aplicação da justiça. Então, ele afirma em sua mensagem;

> O amor de Deus está sendo derramado em um poderoso avivamento espiritual e está ocorrendo a maior expansão global da nossa fé como batistas. Penso em um irmão nosso que encontrei na Somália, visitando as igrejas batistas subterrâneas.
> Abdullah ainda criança, teve aos 09 anos de idade, um sonho ou uma visão onde uma voz que nunca havia ouvido antes lhe disse. - Siga-me, meu nome é Jesus. E ao acordar ele se converteu Aos 15 anos foi entregue por sua família as autoridades, por ter sido pego estudando a Bíblia. Esse adolescente ficou preso, sendo torturado por 6 meses.
> Ele dizia: Eu não tenho vontade de me lembrar da prisão, havia períodos longos em que fui açoitado, apanhei muito, não tenho vontade de me lembrar, fui perseguido cruelmente. O que me sustentou foram as palavras de Jesus em Mateus 28:20 "E eis que estou convosco todos os dias.
> Enquanto eu estava sendo torturado, eu gritava estas palavras. Depois de algum tempo, 02 torturadores vieram separadamente, em segredo e entregaram suas vidas a Jesus[39].

---

[39] Anotações feitas por este autor, da mensagem de Elijah Brown à 98ª Assembleia da CBB em Poços de Caldas em abril de 2018

Isto são boas notícias. Nos últimos 25 anos, segundo minhas pesquisas – disse Elijah Brown - os Batistas cresceram 27%. Então na sequência, Elijah Brown, começa a falar de números:

> Nos EUA, os batistas decresceram 34% nos últimos 25 anos, e na Europa, os batistas cresceram apenas 1%, mas mesmo assim, cresceram no Caribe...76%
> Ásia...122%
> América Latina...193%
> África...832%
> Brasil.......175%
> Bangladesh...186%
> Chile...124% Colômbia...68%
> Haiti...172%
> Índia... 140%
> Tailândia...154%
> Uganda...16 mil por cento de 15 mil para 2 milhões e meio.

Elijah Brown, ainda narra a história de Lea Sharabow, capturada pelo Boko Haram, organização fundamentalista islâmica de métodos terroristas, que levou 105 meninas como escravas. Lea Sharabow não aceitou deixar o cristianismo, permaneceu com Cristo e por isso não foi libertada.

> As meninas tinham que negar a Cristo.
> – Se vocês desistirem de Jesus, poderão voltar. Afirmava o Boco Haram.
> Muitas meninas desistiram. Mas, Lea Sharabow disse:
> – Eu vou ficar, porque não vou negar Jesus.
> Então ela escreveu uma mensagem para sua mãe.
> Mamãe, não fique perturbada, um dia verei seu rosto novamente. Se não for aqui, será na glória, ao lado de Jesus.
> Isso é visão do Reino, que inclui a Justiça, o evangelismo e a missão.
> Um dos papeis principais da BWA, é liderar os Batistas em missões e evangelização, e apoiar os que sofrem perseguição.
> 78% dos batistas no mundo, moram em locais de grande perseguição. Para cada 10 batistas, 04 batistas vivem em contexto de genocídio e 07 enfrentam perseguição em nível alto e muito alto[40].

---

[40] Anotações feitas por este autor, da mensagem de Elijah Brown à 98ª Assembleia da CBB em

Quando uma igreja ou pessoas, se tornam parceiros da BWA, esses batistas perseguidos, passam a receber assistência. Essa parceria pode ser feita através de um fundo financeiro mundial, um movimento em apoio aos batistas que vivem em situação de perseguição. O apelo de Elijah Brow, é para que a exemplo de José de Arimateia e Nicodemos, outras testemunhas da justiça possam se apresentar. Segundo ele:

> Precisamos de batistas de impacto global, de igrejas batistas de impacto global, que se importam com os perseguidos, que se importa com evangelização e missões. Quem pode fazer diferença? Sua igreja, liderada por você poderia ser uma igreja de impacto global e investir nas missões e evangelização?

Esse apelo de Elijah Brow é por mais igrejas que assumam o compromisso de viverem segundo o princípio da cooperação. Que vivam como uma irmandade baseada em um só Senhor, uma só fé e um só batismo. Estas e outras histórias conectam os batistas que vivem em lugares de perseguição religiosa, batistas que sofrem por amor a Cristo, a igreja local. As histórias tornam fatos e números memoráveis, e marcam para sempre.

OFERTA MISSIONÁRIA DE FÉ - OMF

A oferta missionária de fé, oferta promessa de fé, ou oferta baseada na promessa de fé, é um método de captação de recursos com fundamentação bíblica (2 Co 8-9), realizado exclusivamente, com fins missionários e unicamente entre os membros de uma igreja evangélica. A igreja é preparada e motivada através de estudos bíblicos sobre a gestão cristã dos recursos, planejamento, gratidão e generosidade, e por meio da oração para que cada pessoa estabeleça um compromisso.

O Dr. A.B Simpson, fundador da Aliança Cristã Missionária, no final do século 19, teve a iniciativa desse plano para angariar

---
Poços de Caldas em abril de 2018

> A OMF é uma contribuição estabelecida além do dízimo, destinada para o sustento do trabalho de missões transculturais. Ela é uma oferta de fé, porque deve ser incluída no orçamento mensal de cada pessoa comprometida com missões, após buscar a orientação de Deus em oração.

fundos para o trabalho missionário. Ele realizava em sua igreja uma vez por ano, uma conferência missionária, em que desafiava pela Palavra de Deus e por meio de testemunhos missionários, os membros a darem ofertas para missões. Posteriormente, o Dr. Oswald Smith, da Igreja dos Povos, em Toronto Canadá, ampliou e popularizou esse método que é baseado em 2 Coríntios 9:1-5.

A OMF é uma contribuição estabelecida além do dízimo, destinada para o sustento do trabalho de missões transculturais. Ela é uma oferta de fé, porque deve ser incluída no orçamento mensal de cada pessoa comprometida com missões, após buscar a orientação de Deus em oração.

Ela é uma oferta baseada na fé, porque se pede a Deus condições financeiras para ampliar sua participação no sustento de missões. É o mesmo princípio ocorrido na experiência de Israel quando o rei Davi pediu para o povo ofertar para a construção do templo. Foram tantas as ofertas que Davi em certo momento pediu para o povo parar de ofertar porque não precisava mais, reconheceu ainda que foi Deus que abençoou o povo com recursos materiais e financeiros para que pudessem contribuir.

> Davi louvou o Senhor na presença de toda a assembleia, dizendo: "Bendito sejas, ó Senhor, Deus de Israel, nosso pai, de eternidade a eternidade.
> Teus, ó Senhor, são a grandeza, o poder, a glória, a majestade e o esplendor, pois tudo o que há nos céus e na terra é teu. Teu, ó Senhor, é o reino; tu estás acima de tudo.
> A riqueza e a honra vêm de ti; tu dominas sobre todas as coisas. Nas tuas mãos estão a força e o poder para exaltar e dar força

a todos.
Agora, nosso Deus, damos-te graças, e louvamos o teu glorioso nome.
Mas quem sou eu, e quem é o meu povo para que pudéssemos contribuir tão generosamente como fizemos? Tudo vem de ti, e nós apenas te demos o que vem das tuas mãos. (1 Cr 29:10-14 NVI).

Essa oferta baseada na promessa de fé, também é pessoal. Cada pessoa é encorajada a fazer o seu compromisso pessoal com Deus e com missões. Em seguida, esse compromisso é preenchido em uma ficha de compromisso. Ele destaca uma parte da ficha para ele e outra parte para a igreja e devolve assinada e dessa forma ele se compromete em ser uma mantenedor de missões. Essa oferta é um compromisso com Deus. Não é com a igreja, com os líderes de missões ou com o missionário. Edson Queiroz diz que:

> O salário do missionário é mensal e o nosso também, portanto a contribuição deve ser mensal, dentro de um compromisso de um ano, a ser renovado na próxima conferência missionária anual (QUEIROZ, 1999, p.32).

São inúmeros os relatos e testemunhos de igrejas e pessoas que têm sido abençoadas depois, que adotaram esse método de contribuição financeira exclusivamente, com missões.

CASE: AS OFERTAS DA PEQUENA EDEN CHURCH

Para o Pr. Bill Boerop, mobilizador que fundou a World Thrust International, com o objetivo de desenvolver estratégias e inspirar líderes cristãos a tornar o evangelho disponível para todas as pessoas em todas as nações, nenhuma igreja é grande demais e nenhuma igreja é pequena demais para experimentar a alegria de causar um impacto global através da oração, do sustento financeiro e envio de missionários. Para ele, "o tamanho da congregação não importa, apenas a disposição de seus corações".

Boerop, conta que uma pequena igreja sul-africana, a Eden Church[41], liderada por um pastor que tinha sido um homem de negócios, conhecido por seu racismo radical antes da sua conversão e que teve uma transformação de vida semelhante a mudança de vida do apóstolo Paulo, depois de participar de um seminário, de estratégias vencedoras da World Thrust International realizados na África do Sul, foi realmente, convencido sobre os princípios ensinados no seminário, especialmente, a oferta baseada na promessa de fé.

A oferta baseada na promessa de fé foi implementada e entusiasticamente, adotada por sua congregação com resultados surpreendentes. Embora esta igreja tenha menos de 100 membros e ao longo do tempo obteve suas próprias instalações, conseguiu levantar o equivalente a US $ 180.000 em um ano para o alcance global.

Com um coração voltado para missões mundiais implementado através da entrega de promessas de fé, esta igreja plantou outras 27 igrejas, principalmente, em cidades negras. Este pastor serve como mentor para pastores dessas igrejas. Uma destas igrejas plantadas, já é uma igreja que também promove missões. Para Boerop, "Verdadeiramente, o Senhor é capaz de realizar resultados incríveis se estivermos apenas dispostos a ser usados por Ele".

SÓCIOS MINISTERIAIS

Uma das mais eficientes estratégias de sustento ministerial, é a DSM – Desenvolvimento de Sócios Ministeriais (ou Sócios Ministeriais), empregada por mais de 30 anos pelos missionários da Crossover Global, Luis Valter e Jucilene Freitas, no próprio sustento, no treinamento das suas equipes do Filme Jesus, no trabalho de plantação de igrejas no sertão brasileiro, como também no treinamento de líderes e plantação de igrejas em Odisha, Leste da Índia.

A estratégia de Sócios Ministeriais, que pode ser utilizada tanto no ministério da igreja local, projetos de filantropia baseada na fé, quanto em missões transculturais, tem como objetivo principal, investimento em relacionamentos de amizades. Estes ami-

---

[41] A Pequena Eden Church. URL: https://www.worldthrust.com/the-willingheart/ Acedido em 29.07.18

gos, são convidados a serem parceiros, sócios do ministério. Não se trata de levantar de modo exclusivo, o sustento financeiro, mas de construir relacionamentos, em que pessoas não serão usadas por motivos financeiros, e para que seja diferente de uma simples captação de recursos, deve haver compromisso de amar, e ter interesse naquilo que for importante para o sócio de ministério.

Ao fazer amigos, surge a oportunidade de compartilhar a visão e de fazer aumentar o interesse das pessoas pelo ministério, a partir daí o missionário deve ficar atento para o timing apropriado para propor a parceria e convidar o amigo para ser um sócio ministerial.

Para aumentar o interesse dos amigos pelo ministério, o missionário precisa compartilhar storytelling marcantes, enviar cartas objetivas, boletins e pequenos vídeos.

Quando o missionário se mantém narrando o storytelling do seu ministério a um número cada vez maior de pessoas, ele cria conexões emocionais, que são oportunidades para desenvolver amizades que futuramente, vão participar da equipe de sócios ministeriais. Segundo o missionário Luis Valter:

> O sucesso da estratégia Sócios Ministeriais, se encontra no tripé; fé, que se refere à perspectiva bíblica de confiar em Deus; trabalho, que se refere aos princípios de liderança e administração; e comunicação, que se refere às verdades sobre o processo de trocar ideias e sentimentos entre pessoas com o objetivo de provocar uma resposta, como por exemplo, escrever e falar eficazmente.

Valter ainda afirma que:

> **Um equilíbrio apropriado entre fé, trabalho e comunicação não nega, de maneira nenhuma, o fato de Deus ser o nosso único Provedor.** Entretanto, esclarece uma das nossas responsabilidades como embaixadores e mordomos de Cristo diante de Deus. Parte do nosso trabalho é ter um bom entendimento dos princípios em todas as três áreas para conseguir levantar sustento efetivamente. Quando pedimos que outros partici-

pem conosco no cumprimento da Grande Comissão, devemos fazer com excelência, devemos pedir não somente com graça, mas também com uma competência divina, porque o sucesso desta etapa é um passo crítico rumo ao cumprimento da Grande Comissão.

Da mesma maneira que o salmista Davi em 1 Crônicas 29, fez a captação de recursos, ao focalizar a riqueza das pessoas em um testemunho tangível para Deus, no caso específico, a construção do templo, o privilégio hoje, é de estabelecer um testemunho humano para o Senhor, homens e mulheres conquistados para Cristo e edificados em sua fé. Assim como Davi, o missionário é responsável em pedir a outros, que deem seus recursos para sustentar os seus ministérios. A maioria dos missionários trabalham muito, exceto na área de levantar recursos. E captar recursos, requer treinamento, trabalho duro, criatividade, correr riscos e muitas horas de dedicação.

No treinamento de equipe, Luis Valter garante que é importante dar passos de fé e investir em relacionamentos para levantar sustento, porque Deus quer convocar pessoas como sócios ministeriais. Estes relacionamentos são confiados aos mordomos, como sendo de sua responsabilidade. E como mordomos sábios, se deve pedir eficazmente.

CASE: O EXEMPLO DE JOHN WESLEY[42]

John Wesley, possuía uma boa condição financeira, tinha um excelente salário, e por isso, gastava à vontade com jogos, cigarros e bebidas como gostava. No entanto, sua perspectiva sobre o uso do dinheiro mudou, em razão de um incidente enquanto estava em Oxford.

---

[42] Baseado em; Charles Edward White, professor assistente, pensamento e história cristãos, do Colégio de Spring Arbor (Michigan). 1987 TRIMESTRE DE INVERNO 27. Acedido em 29.07.18 Em URL: https://www.christianitytoday.com/pastors/1987/winter/87l1027.html

Ele havia acabado de comprar alguns quadros para colocar em seu quarto, quando uma das camareiras chegou à sua porta. Era um dia frio de inverno, e ele observou que ela não tinha nada para se proteger, exceto uma roupa de linho inadequada para aquela circunstância. Ele então, enfiou a mão em seu bolso para lhe dar algum dinheiro para comprar uma roupa de frio, mas logo percebeu que havia sobrado quase nada. Imediatamente, ficou perplexo com o pensamento de que Deus não havia se agradado pela forma como havia gasto seu dinheiro. Ele perguntou a si mesmo: O mestre me dirá "Muito bem servo bom e fiel"? Você enfeitou as paredes com o dinheiro que poderia ter protegido essa pobre mulher do frio! Oh justiça! Oh misericórdia! Esses quadros não são o sangue dessa pobre empregada?

É provável que esse incidente, tenha contribuído muito para a mudança de perspectiva de Wesley sobre o uso do dinheiro, e em 1731, ele começou a limitar seus gastos para que pudesse ter mais dinheiro para dar aos pobres. Ele registrou que, em determinado ano, sua renda fora de 30 libras, suas despesas, 28, assim, tivera duas libras para dar. No ano seguinte, sua renda dobrou, mas ele continuou administrando seus gastos para viver com 28, desse modo, restaram-lhe 32 libras para dar aos pobres. No terceiro ano, sua renda saltou para 90 libras. Em vez de deixar suas despesas crescerem juntamente com sua renda, ele as manteve em 28 e doou 62 libras. No quarto ano, recebeu 120 libras. Do mesmo modo que antes, suas despesas se mantiveram em 28 libras e, assim, suas doações subiram para 92.

Wesley sentia que o crente não deveria simplesmente, dar o dízimo, mas dar toda sua renda excedente, uma vez que já tivesse suprido a família e os credores. Ele cria que, com o crescimento da renda, o que deveria aumentar não era o padrão de vida, mas sim o padrão de doações.

Essa prática começou em Oxford e continuou por toda a sua vida. Mesmo quando sua renda ultrapassou milhares de libras esterlinas, ele viveu de modo simples, doando rapidamente, seu dinheiro excedente. Houve um ano em que seu salário superou 1400 libras. Ele viveu com 30 e doou aproximadamente, 1400. Seu dinheiro ia para as obras de filantropia, assim que chegava às suas mãos. Ele registrou que nunca permaneceu com 100 libras. Seu ensino sobre a perspectiva bíblica para o uso do dinheiro oferece ainda, diretrizes simples e práticas para qualquer cristão.

A primeira regra de Wesley acerca do dinheiro era "Ganhe o máximo que puder". Apesar de seu potencial para o mau uso, o dinheiro em si é algo bom. O bem que ele pode fazer é infinito: "Nas mãos dos filhos de Deus, ele é comida para os famintos, água para os sedentos, roupas para os que estão descobertos. Ele dá ao viajante e ao estrangeiro um lugar para repousar. Por meio dele, podemos manter a viúva, no lugar de seu marido, e aos órfãos, no lugar de seu pai. Podemos ser uma defesa para os oprimidos, levar saúde aos doentes e alívio aos que têm dor. Ele pode ser como olhos para o cego, como pés para o coxo e como o socorro para livrar alguém dos portões da morte"!

Wesley acrescentou que ao ganhar o máximo que podem, os crentes devem ser cuidadosos para não prejudicar sua própria alma, mente e corpo ou a alma, mente e corpo de quem quer que seja. Desse modo, ele proibiu o ganho de dinheiro em empresas que poluem o meio ambiente ou causam danos aos trabalhadores.

A segunda regra de Wesley para o uso correto do dinheiro foi "Poupe o máximo que puder". Ele insistiu para que seus ouvintes não gastassem dinheiro somente para satisfazer os desejos da carne, a concupiscência dos olhos e a soberba da vida. Ele falava contra comidas caras, roupas luxuosas e móveis caros. "Cortem todas essas despesas! Desprezem as iguarias e a variedade, e estejam contentes com o que a simples natureza requer".

Ele tinha duas razões para dizer aos crentes para comprarem somente o necessário. Uma razão era óbvia: para que não desperdiçassem dinheiro. A segunda era para que seus desejos não aumentassem. Ele destacou sabiamente que, quando as pessoas gastam dinheiro em coisas que, de fato, não precisam, elas começam a desejar mais coisas das quais não precisam. Em vez de satisfazerem aos seus desejos, elas apenas os fazem aumentar: "Quem dependeria de qualquer coisa para satisfazer esses desejos, se considerasse que satisfazê-los é o mesmo que fazê-los crescer? Nada é mais verdadeiro do que isto: A experiência diária demonstra que quanto mais os satisfazemos, mais eles aumentam".

A terceira regra de John Wesley foi "Doe o máximo que puder". A doação de uma pessoa deve começar com o dízimo. Ele disse àqueles que não dizimavam: "Não há dúvidas de que vocês têm colocado o seu coração no seu ouro". E advertia: "Isso 'consumirá sua carne como o fogo'"! Entretanto, a oferta de uma pessoa não deve se limitar ao dízimo. Todo o dinheiro dos crentes pertence a Deus, não apenas a décima parte. Os crentes devem usar 100% de sua renda da forma como Deus direcionar. E como Deus direciona os crentes a usarem sua renda? Wesley listou quatro prioridades bíblicas:

1. Providencie o que é necessário para você e sua família (1 Tm 5:8). O cristão deve estar certo de que sua família possui suas necessidades e comodidades supridas, ou seja, "quantidade suficiente de uma comida modesta e saudável para comer, e roupas adequadas para vestir". O crente também deve garantir que a família tenha o suficiente para viver caso haja imprevistos em relação ao seu ganha-pão.

2. "Tendo sustento e com que nos vestir, estejamos contentes" (1 Tm 6:8). Wesley acrescentou que a palavra traduzida para "vestir" é literalmente, cobrir, o que inclui tanto moradia como roupas.

> Conclui-se claramente, que tudo o que tivermos além dessas coisas, no sentido empregado pelos apóstolos, é riqueza – tudo quanto estiver além das necessidades, ou no máximo, além das comodidades da vida. Qualquer um que tenha comida suficiente para comer, roupas para vestir, um lugar onde repousar a cabeça, e mais alguma outra coisa, é rico.

3. Providencie o necessário para "fazer o bem perante todos os homens" (Rm 12:17) e não fique devendo nada a ninguém (Rm 13:8). Wesley disse que a reivindicação pelo dinheiro do cristão que se seguia à família era a reivindicação dos credores. Ele acrescentou que aqueles que dirigiam o próprio negócio deveriam ter ferramentas adequadas, estoque ou o capital necessário para manter seu negócio.

4 ."Por isso, enquanto tivermos oportunidade, façamos o bem a todos, mas principalmente, aos da família da fé" (Gl 6:10). Após o cristão ter provido o necessário para a família, credores e para o próprio negócio, sua próxima obrigação é utilizar todo o dinheiro que sobrou para suprir as necessidades dos outros.

Ao dar esses quatro princípios bíblicos, Wesley reconheceu que algumas situações não são claras o suficiente para afastar as dúvidas. Nem sempre é óbvio a forma como os cristãos devem usar o dinheiro do Senhor. Por essa razão, ele ofereceu quatro perguntas para ajudar seus ouvintes a decidirem como gastar o dinheiro:

1. Ao gastar o dinheiro, estou agindo como se o possuísse ou como se fosse o curador de Deus?
2. O que as Escrituras exigem de mim ao gastar o dinheiro dessa maneira?
3. Posso oferecer essa compra como um sacrifício a Deus?
4. Deus me recompensará por esse gasto na ressurreição dos justos?

CROWDFUNDING

Financiamento Coletivo, vaquinha on-line ou Crowdfunding é um meio de captar recursos para financiar uma ideia, projetos, serviços e construir uma comunidade com base em doações. O candidato cadastra o seu projeto em uma plataforma digital e estipula qual o valor de investimento necessário para tornar esse projeto realidade e um prazo para a arrecadação. Na sequência, várias pessoas se unem para criar condições para viabilizar a ideia ou projeto. Se, o prazo estabelecido, atingir ou superar a meta, o candidato recebe dinheiro para lançar o projeto. Caso não tenha conseguido a quantidade total de recursos estipulada na meta, o dinheiro volta para os doadores.

Há também outras opções para não perder o dinheiro que foi doado caso não consiga arrecadar tudo. Por exemplo, na Benfeitoria, é possível definir até 5 metas de arrecadação cumulativas. A primeira meta é qualificação para seguir em frente, é aquela que garante a realização do seu projeto, mesmo que na sua versão mais simples. A regra do tudo ou nada é válida apenas para a meta mínima. Ou seja, ao atingir 100% o candidato a receber recursos, avança para outras metas e fica com todo o dinheiro que arrecadar.

Dessa forma, ele garante o mínimo para executar o projeto, mas trabalha para alcançar as metas seguintes, entregando um projeto cada vez mais completo, do jeito que precisa. A Kickante, oferece diversas formas de arrecadação e permite uma estratégia focada no convencimento direto do público alvo e oferece uma das melhores condições e as menores taxas por ser a plataforma mais conhecida.

TUDO OU NADA

Nessa modalidade, só recebe o dinheiro arrecadado se atingir ou superar a meta estabelecida. Essa é a modalidade de financiamento coletivo mais comum no Brasil. O prazo máximo para arrecadação costuma ser de 60 dias e o candidato não paga nada para criar ou iniciar a campanha. Se conseguir atingir a meta estabelecida, a Kickante cobra uma taxa de 12% do valor arrecadado.

Essa é a menor taxa do mercado no Brasil. Se não atingir a meta, o dinheiro é devolvido aos doadores. Esse tipo de campanha é ideal para projetos que necessitam de um valor mínimo para poder iniciar as atividades, impossibilitando o começo da ação com menos dinheiro do que aquele estipulado na meta. Por exemplo: escritores que precisam imprimir uma quantidade mínima de livros na editora, ONGs com valor mínimo para gastos em uma missão, músicos que precisam de um valor específico para gravar CD ou DVD na produtora etc. Qualquer campanha que exija um valor mínimo com custos fixos se enquadra nessa categoria.

CAMPANHA FLEXÍVEL

Na modalidade de campanha flexível, qualquer doação poderá ser resgatada do projeto de crowdfunding. O prazo máximo para arrecadação também é de 60 dias, da mesma forma que na campanha tudo ou nada. O candidato também não precisa pagar nada para iniciar a campanha, apenas uma taxa será cobrada no final da prestação dos serviços de arrecadação de recursos:

> Se atingir ou superar a meta de arrecadação, a taxa cobrada será de 12% do valor arrecadado.
> Se não atingir a meta de arrecadação, a taxa administrativa cobrada será de 17,5%.

Esse tipo de campanha é ideal para quem não depende de um valor mínimo para iniciar as atividades, ou então, para quem já conseguiu esse valor mínimo e precisa de um "impulso" para expandir a atuação. Por exemplo, escritores que já têm o valor mínimo para lançar sua obra podem querer levantar um financiamento coletivo para fazer divulgação ou fomentar mais suas vendas. Organizações Não Governamentais (ONGs) que não dependem de um valor mínimo para atuar também costumam adotar esse tipo de modalidade de crowdfunding.

A DEFINIÇÃO DE UMA CAMPANHA CROWDFUNDING

"Tudo ou nada" ou "flexível"? Vai depender de quem é seu público. "Tudo ou nada" vai precisar de um público mais engajado, que faz torcida pelo projeto. Por isso, é importante o envolvimento *face-to-face* com a comunidade. Essa campanha por devolver o valor investido para o colaborador se a meta não foi atingida, confere mais segurança para o doador. Por outro lado, ter um público engajado, que conheça a ONG, o projeto social ou cultural, ou que tenha vínculos com o pessoal que está envolvido na promoção, possivelmente, levará estes doadores a buscarem outros doadores.

Também **para ter um público engajado, será preciso ter uma estratégia de divulgação, bem como considerar fazer investimentos em mídia paga pelas redes sociais, como o Instagram, Facebook ou Google Adwords.** No caso da plataforma da Kickante, ainda é possível ganhar uma ajudinha quando a campanha de arrecadação de fundos possui muita interação, comentários, doações etc. Com isso a Kickante, também passa a fazer uma divulgação no próprio site o que leva a campanha para um público maior ainda, aumentando as doações.

PLATAFORMAS CROWDFUNDING

Benfeitoria

A Benfeitoria segue o modelo de "tudo ou nada" somente, e as metas podem ter prazos entre 1 e 90 dias. Uma das grandes vantagens da Benfeitoria é que ela não cobra comissão pelo serviço, porque a própria plataforma vive de crowdfunding. Os custos das transações financeiras, fica em torno de 4% do valor arrecadado.

Kickante

Aceita campanha tudo ou nada e campanha flexível. Sem taxa de criação e lançamento da campanha. 10% de taxa para metas atingidas e 10% de taxa para metas não atingidas na modalidade flexível.

Indiegogo

Admite a campanha tudo ou nada e campanha flexível. Cobra taxa de $25,00 (25 dólares) para lançamento de campanha. Taxa de 3% de cobrança dos meios de pagamento + 4% sobre o total arrecadado de projetos que atingiram a meta, ou 9% sobre projetos que não atingiram na modalidade flexível. Possui também, taxas de câmbio e impostos para trazer o dinheiro para o Brasil.

Vakinha

Trata-se de campanha tudo ou nada. A taxa é cobrada diretamente, do contribuidor, independente de atingir ou não a meta. Essa taxa varia de 3% a 6,4% + R$ 0,40 por contribuição. Funciona como uma vaquinha online. Não há prazo para término de uma vaquinha, porém, é cobrada uma taxa de manutenção no valor de R$ 5,00 mensais caso não haja mais movimentação após 90 dias.

Catarse

Campanha flexível e tudo ou nada. Taxa de 13% para projetos que atingiram a meta ou que atingiram parcialmente na modalidade flexível. É o segundo maior site de crowdfunding do Brasil (depois do Kickante), mas o processo de validação de campanha costuma ser mais demorado e pode ser rejeitado.

Juntos.com.vc

Apenas campanha tudo ou nada. A taxa é cobrada diretamente, do contribuidor. Varia de 2,49% a 4,29% + R$0,39 sobre o valor de cada contribuição.

Bicharia

Trata-se de uma plataforma apenas para a causa animal. Recebem 10% do valor dos projetos. Os projetos precisam atingir 50% da meta para serem aprovados.

www.causeteam.com

Muito interessante essa plataforma. É a única que foi criada pensando exclusivamente, em missões e organizações inspirada na fé. Taxa de instalação: US $ 0,00, Taxa Mensal: $ 0.00, Taxa de retirada: US $ 0,00, Taxa de plataforma: 0%, Taxa de processamento do cartão de crédito: 2,9% mais US $ 0,30 por transação. Segundo a www.causeteam.com:

> A razão pela qual podemos fornecer uma ótima plataforma de captação de recursos on-line sem a típica taxa de plataforma de 5% é porque fazemos um lucro modesto no lado do produto de nossos captadores de recursos que nos ajuda a manter as luzes acesas. Isso é algo que outras empresas de crowdfunding simplesmente não têm - é uma das coisas que nos diferencia e parte do motivo pelo qual achamos que a www.causeteam. com realmente é a melhor empresa de arrecadação de fundos[43].

Ideame

Os autores, artistas, designers, inventores e empreendedores, financiam suas ideias através da sua rede de contatos. E os incentivadores investem dinheiro em projetos em troca de recompensas únicas e especiais Campanha Tudo ou Nada e campanha Tudo Ajuda (flexível).

Taxas e comissões, variam de acordo com o tipo de financiamento escolhido pelo autor e conforme o país de origem do projeto. Segundo informações do Ideame:

> Tudo ou nada (Fixo): a taxa atualmente, é de 10% + impostos, caso o projeto alcance 100% ou mais. No entanto, se o projeto não for bem-sucedido não precisará pagar nada.
> Tudo ajuda (Flexível): taxa de 10% + impostos, independentemente, da percentagem recolhida.
> Provedores de pagamento online. Esta comissão varia de acordo com cada método de pagamento: MercadoPago: cobra uma comissão que varia de acordo com o país do projeto:
> Projetos Argentinos; 5.38% sobre o total arrecadado (IVA incluído)
> Projetos Chilenos; 5.34% sobre o total arrecadado (IVA incluído)
> Projetos Colombianos; 5.99% sobre o total arrecadado (IVA incluído)

---
[43] URL: https://www.causeteam.com/blog/lets-talk-fundraising-options Acedido em 09.03.22

Projetos Mexicanos; 5.74% sobre o total arrecadado (IVA incluído)

Caso o autor deseje obter do MercadoPago uma fatura com o IVA descriminado, deverá entrar em contato com o MercadoPago e notificar o Ideame no momento de apresentar o projeto.

PayPal (Argentina, USA, Uruguai e Chile): 3.5% sobre o total arrecadado + $0.30 USD por transação. (Impostos incluídos)

PayPal (Brasil): 4.5% sobre o total arrecadado mais impostos

PayPal (México): 4.64% sobre o total arrecadado + $4.64 MXN por transação. (Impostos incluídos) DineroMail: 7% aproximadamente (dependendo se os incentivos foram feitos com cartão de crédito, débito ou efetivo)

Moip: indisponível no momento.

PayU: cartão de crédito, PSE ou efetivo 4.49% + COP $900 por transação (mínimo COP $2900), mais impostos.

Bitpay: 1% sobre o total arrecadado.

Até aqui, você viu

ESTRATÉGIAS

"Estratégia é a base lógica mediante a qual a organização pretende atingir os seus objetivos e planejamento é a determinação racional de onde pretende ir e como vai chegar lá" (JOHNSTON IN WILLMER, p.81). Segue-se que, o emprego de estratégias com oração e direção de Deus, com planejamento, persistência e entusiasmo, tornará as organizações missionárias com excelência e os projetos de filantropia bem-sucedidos. Como resultado de estratégias, se cria oportunidades e se define objetivos organizacionais, aponta direções e a melhor trajetória para se chegar ao alvo estabelecido, com base em um procedimento formalizado e articulador de resultados.

Cada programa ou projeto social seja; comunidades terapêuticas, ação de socorro a desastres, ajuda a imigrantes e refugiados, campanhas de impacto evangelístico e social, missões transculturais, campanha missionária ou plantação de igreja, possuem seus simpatizantes e adeptos, porque toca diferentes sentimentos. Cada causa é única, logo a mobilização de voluntários e mantenedores também será única.

A estratégia da igreja de Jerusalém foi evangelizar SIMULTANEAMENTE, quatro áreas; Jerusalém. Judéia, Samaria e os extremos da terra. As ações da igreja incluíram, compaixão e amor expresso em atitudes e cuidados com os necessitados, evangelização e estudos bíblicos através de pequenos grupos multiplicadores, oração, louvores e comunhão através da ágape, que eram refeições comunitárias.

O Plano Cooperativo Batista é um instrumento para o cumprimento da Grande Comissão, e através dele também são viabilizados todos os meios necessários como educação teológica e educação cristã, que formam pastores, missionários, educadores, músicos, evangelistas, recursos pedagógicos, material de estudos e tudo mais que for preciso para que a Grande Comissão seja cumprida com o máximo de urgência e eficiência.

Os desafios, números e cifras do Plano Cooperativo, como também relatórios de trabalho, emocionam e se tornam atraentes, quando são apresentados com storytelling inspirativas.

A OMF é uma contribuição estabelecida além do dízimo, destinada para o sustento do trabalho de missões transculturais. Ela é uma oferta de fé, porque deve ser incluída no orçamento mensal de cada pessoa comprometida com missões, após buscar a orientação de Deus em oração. Ela é uma oferta baseada na fé, porque se pede a Deus condições financeiras para ampliar sua participação no sustento de missões.

ATIVIDADES

Questão 01. Considerando as estratégias de mobilização e captação de recursos, assinale a alternativa certa.

1. Cada causa é única, logo a mobilização de voluntários e mantenedores também será única.
2. O principal objetivo do Black Friday, é estimular o consumo enquanto promove a cultura de doação e a solidariedade.
3. O Plano Cooperativo Missionário, tem como objetivo manter o entusiasmo dos católicos quanto a missão universal da igreja, informar acerca dos desafios missionários no mundo, encorajar a oração e ajuda financeira para as missões.
4. O Plano Cooperativo dos Batistas, financia a logística da formação teológica, educação cristã, plantação de igrejas e expansão missionária no mundo.
5. A OMF é uma contribuição estabelecida além do dízimo, destinada para o sustento do trabalho de missões transculturais.

a. As alternativas 1 e 4 estão certas.
b. As alternativas 2 e 5 estão certas.
c. As alternativas 1, 3, 4 e 5 estão certas
d. A alternativa 3 está errada.
e. Todas as alternativas estão certas.

Questão 02. Assinale no gabarito, a alternativa correta.

1. Quando o missionário narra o storytelling do seu ministério a um número cada vez maior de pessoas, ele cria conexões emocionais.

2. Um equilíbrio apropriado entre fé, trabalho e mobilização não nega, de maneira nenhuma, o fato de Deus ser o nosso único Provedor.
3. É importante dar passos de fé e investir em relacionamentos para levantar sustento, porque Deus quer convocar pessoas como sócios ministeriais.
4. A campanha flexível, precisa ter um público engajado e uma estratégia de divulgação *face-to-face*.
5. O ensino sobre a perspectiva bíblica para o uso do dinheiro segundo John Wesley, tem como diretrizes; "Ganhe o máximo que puder, poupe o máximo que puder, doe o máximo que puder".

a. As alternativas 1 e 4 estão certas.
b. As alternativas 2, 3 e 5 estão certas.
c. As alternativas 1, 2 e 4 estão certas.
d. As alternativas 3 e 5 estão certas.
e. As alternativas 1, 3, e 5 estão certas.

Questão 03: Discorra sobre a importância do voluntário ter autonomia financeira, resiliência, disciplina, vestimenta adequada, ser membro de uma igreja, conhecimento bíblico e ética. R:

Questão 04: Explique qual é a estratégia e logística do trabalho com crianças na Vila Paraíso. R:

Questão 05: Leia o texto de Lucas 8.1-3 e descreva a estratégia, as fontes de recursos e logística que foi necessária para que Jesus, os apóstolos e algumas mulheres percorressem vilas e cidades pregando o evangelho do Reino. Relacione o suporte para transporte, hospedagens, e outras necessidades materiais e financeiras para uma sequência de pequenas viagens missionárias em um tour feito a pé por 60 voluntários durante um mês, em volta de um lago de 21 km de comprimento, 12 km de largura, cercado por 30 vilas e 09 pequenas cidades. R:

CAPÍTULO 4

PROJETOS INSPIRADOS NA FÉ

Estes projetos são conhecidos por inspirados na fé, por terem como origem as FIOs - Faith-Inspired Organizations, também conhecidas por FBOs - Faith-Based Organization. Este termo também é usado pelo Banco Mundial, que criou o departamento de "Parcerias com Organizações Baseadas na Fé", para tratar somente de igrejas e organizações religiosas, departamento este que é chefiado pelo pastor Adam Russel Taylor, da Igreja Batista Alfred Street em Alexandra, no Estado de Virgínia. Ainda, utiliza o mesmo termo, o Programa de Desenvolvimento das Nações Unidas, que define organizações baseadas na fé (FBOs), como;

> **organizações que possuem como inspiração e orientação para suas ações de filantropia, os ensinamentos e princípios da fé ou de uma interpretação particular ou escola de pensamento dentro dessa fé** ". Elas compreendem uma série de organizações de caridade religiosas, afiliadas a uma ou mais fé e tradições espirituais, que podem incluir: Congregações religiosas (como igrejas, mesquitas, sinagogas ou templos); Caridades patrocinadas ou hospedadas por uma ou mais congregações religiosas; Organizações sem fins lucrativos fundadas por uma congregação religiosa ou baseadas em fé e tradições espirituais.[44]

---

[44] Faith-based organizations (FBOs). p.5 http://www.undp.org/content/dam/undp/documents/partners/2014_UNDP_Guidelines-onEngaging-with-FBOs-and-Religious-Leaders_EN.pdf Acedido em 27.07.18

Quanto as motivações para elaboração e desenvolvimento de projetos, eles podem (e devem), ser altruístas ou por inúmeros interesses mesquinhos. Há organizações religiosas que desenvolvem projetos como meios para ganhar pessoas para suas fileiras, e meios políticos (em uma acepção negativa), ou como entendimento de dever religioso. No contexto desse trabalho, o tratado discorre sobre organizações cristãs saudáveis, que desenvolvem projetos por inspiração divina, baseadas nos valores do Reino, como evidência do amor e testemunho cristão. Sendo assim, para o cristão, desenvolver projetos sociais inspirados na fé, caridade e compaixão, deve ser um estilo de vida e uma expressão da própria fé, em que o amor a Deus, é demonstrado no amor que se tem pelo próximo.

Por trás de cada projeto, há sonhos, existe uma história e uma motivação, há uma mente que trabalhou para dar corpo a ideias para responder a uma situação. Segundo o Redator Rock Content[45]" Quando Martin Luther King liderou multidões, ele não disse que tinha uma ideia, ou que tinha um plano. Ele disse que tinha um sonho. E isto é o que conecta pessoas a projetos". A Bíblia revela que ao lado de grandes histórias havia também os seus projetos. Pense na arca de Noé, na construção do tabernáculo, na reconstrução dos muros de Jerusalém ou na construção do templo de Salomão. Tudo isso, antes de se materializar, foi sonhado e desejado profundamente. De igual modo, os exemplos da história também são inúmeros, a construção das pirâmides do Egito, das muralhas da China ou o Coliseu Romano, seguiu sonhos que viraram projetos.

O gerenciamento de projetos é a reflexão e ação para vencer desafios e obstáculos desde a origem da humanidade. Pessoas de épocas, circunstâncias e culturas diferentes responderam as dificuldades com planejamento, persistência, entusiasmo, tentati-

---

[45] https://marketingdeconteudo.com/storytelling-guia/ Acedido em 27.07.18

> Para o cristão, desenvolver projetos sociais inspirados na fé, caridade e compaixão, deve ser um estilo de vida e uma expressão da própria fé, em que o amor a Deus, é demonstrado no amor que se tem pelo próximo.

vas, erros e acertos, e o resultado foram as inovações de produtos, invenções e descobertas.

Brian Cavanaugh, contou a história de um menino que sofria de surdez parcial e em razão disso tinha dificuldades na escola. Certo dia, essa criança levou um recado da professora aos seus pais. Ela sugeria que o menino deveria ser afastado da escola porque não era inteligente o suficiente para aprender nada. No entanto a mãe do menino, em vez de ficar deprimida com o pessimismo do recado simplesmente, afirmou: É claro que meu filho, Tom, tem inteligência para aprender sim. Eu mesma serei a professora dele. E a partir daí essa mãe criou o seu próprio projeto de educação para ensinar seu filho pessoalmente. Cavanaugh afirma que:

> Tom aprendeu, cresceu, tornou-se um bom profissional. E quando morreu, anos mais tarde, o país inteiro o homenageou, apagando as lâmpadas por um minuto, lâmpadas que ele próprio havia inventado. Tom – era assim que a família de Thomas Edison o chamava – inventou não somente a lâmpada, mas (por meio dos seus projetos), também a câmara fotográfica, o mimeógrafo, o fonógrafo, o transmissor a carvão, o filme movimentado, o gravador, o microfone e mais de mil outras coisas registradas como invenção suas (Cavanaugh, in Fonseca, 1997, p.165).

A partir dessa história, muitas lições podem ser observadas, e a primeira delas é que **um projeto pode ser o ponto de partida para transformações em uma escala sem fim, e as decisões mais simples, podem ter efeitos permanentes.** Esta mesma experiência, particular, em um ambiente familiar, também pode ilustrar o que pode acontecer na filantropia, quando há planejamento, persistência e entusiasmo. Esta foi apenas a iniciativa de uma mãe que acreditava na capacidade de seu filho, imagine então, quantas crianças possuem dificuldades com aprendizagem, por problemas de saúde, emocionais, alimentação e de ordem familiar, e quantos Thomas Edison temos na periferia das cidades?

O QUE É PROJETO

Mas como definir "projetos"? Através deles podem ser materializados grandes construções, pequenos objetos ou serviços que atendam necessidades sociais. **São atividade em sequência, divididas em tarefas, estabelecidas dentro de um prazo, que procuram responder um desafio ou obstáculo.** São as habilidades e as técnicas para elaboração de atividades relacionadas a um conjunto de objetivos predefinidos, num certo prazo, com um certo custo e qualidade, através da mobilização de recursos técnicos e humanos. PMI (Project Management Institute), define gerenciamento de projetos como sendo:

> o processo através do qual se aplicam conhecimentos, capacidades, instrumentos e técnicas às atividades do projeto de forma a satisfazer as necessidades e expectativas dos diversos stakeholders ou partes interessadas que são indivíduos ou organizações ativamente envolvidas no projeto ou cujo resultado do mesmo poderá afetá-los positiva ou negativamente[46].

Para Siqueira:

> É um documento de apresentação sistematizada de necessidades a um subvensor. É a unidade mínima de alocação de recursos que, através de um conjunto integrado de atividades pretende transformar uma parcela da realidade, reduzindo ou eliminando um déficit, ou solucionando um problema. É ainda, instrumento de comunicação, instrumento de intervenção em um ambiente ou situação para mudanças, instrumento para fazer algo inovador, (SIQUEIRA, 2006, p.116).

---

[46] https://artia.com/blog/gestao-de-projetos-o-que-e-para-que-serve/

Para Kelley, " projeto é um conjunto de atividades que tendem a uma meta determinada", e no presente contexto da filantropia; "projeto serve para descrever a totalidade de uma OSC (Organização da Sociedade Civil), ou todas as suas atividades" (KELLEY, 2003, p.82).

O QUE É PROGRAMA

O programa é o conjunto de projetos agregados ou separados em projetos menores. O programa não inclui a descrição das atividades e outros aspectos operacionais, pode envolver atividades repetitivas e cíclicas e sua finalização pode não estar ligada a uma data específica, podem ser permanentes ou de longa duração. Segundo Artia:

> Grosso modo, podemos dizer que o programa se relaciona com o benefício e os projetos são mensurados com relação ao impacto no benefício. Exemplo: um programa de vacinação tem como benefícios a redução da mortalidade, a melhora da qualidade de vida dos cidadãos e a redução da demanda hospitalar. Este programa é sustentado por vários projetos de vacinação. Ou seja, os benefícios de um programa são a soma dos benefícios de todos os projetos diferentes pelos quais ele é composto. **Um projeto representa um esforço único, ou seja, um grupo de pessoas que se reúnem para criar um único produto, serviço ou resultado exclusivo, enquanto no programa há uma diversidade de projetos, gerando um pacote coeso de trabalho**[47].

Ao tratar de projetos, e neste caso, projetos missionários e de filantropia, o foco desse trabalho é ajudar na elaboração com projetos de complexidade mais simples. Para projetos de alta complexidade, é recomendado consultar o Guia do Conjunto de Conhecimento da Gestão de Projetos (A Guide to the Project Management Body of Knowledge), ou Guia PMBOK do PMI. Os projetos atendem diversos financiadores, agentes e interlocutores sociais que possuem

---

[47] https://artia.com/blog/entenda-a-diferenca-entre-projetos-programas-eportfolios/

particularidades diferentes. Enquanto alguns exigirão mais informações e detalhes, outros poderão ser mais simples e não envolver muitas pessoas ou grandes custos. Mesmo com esse destaque, há elementos que deverão ser observados para um bom projeto.

- Termo de Abertura do Projeto
- Problema
- Objetivo
- Meta
- Estratégia
- Plano Operacional
- Avaliações
- Previsão de Custos

O TERMO DE ABERTURA DO PROJETO

Trata-se de um *briefing* em que se define os *stakeholders* (que é o executivo ou os gerentes do projeto, o patrocinador ou mantenedor direto, e a equipe envolvida), o nome do projeto, descrição do problema, objetivo geral e prazos de entrega dos objetivos específicos do projeto.

O PROBLEMA

O projeto é criado para suprir uma necessidade, é uma resposta a um desafio. Ele existe em razão de uma causa e o voluntário ou o doador de recursos terá oportunidade de ser parte da solução do problema e participar de forma significativa da transformação pretendida. Exemplo: proporcionar reforço escolar e lazer às crianças de 04 a 12 anos da Vila Paraíso. A partir daí será preciso fazer um levantamento de quantas crianças por faixa etária entre 04 e 12 anos que serão assistidas e fazer também levantamento sobre as condições sociais da Vila Paraíso.

OBJETIVO GERAL

Trata-se daquilo que se propõe alcançar, a razão do projeto. Exemplo: Oferecer reforço escolar às crianças da Vila Paraíso.

A META

São tarefas específicas para alcançar o objetivo geral. A meta define como alcançar o objetivo. Depois de realizar o mapeamento e quantificar as crianças por faixa etária, esses números serão apresentados para o doador. Exemplo: atender 30 crianças entre 4 e 5 anos; 20 crianças entre 6 e 8 anos, 30 crianças entre 9 e 10 anos e 25 crianças entre 11 e 12 anos, totalizando 105 crianças que serão beneficiados diretos e beneficiados indiretos, 35 famílias.

A ESTRATÉGIA

Ela definirá como se encontrará a solução para o problema. São muitas as opções estratégicas, no entanto será definida a que melhor atender o projeto, ou maior facilidade para viabilizar as ações propostas. Uma possível solução para o problema referente às crianças da Vila Paraíso, poderá ser usar os espaços ociosos dos templos bem como, salas de educação cristã que ficam fechadas durante a semana. Também pode treinar voluntários para esse trabalho entre os próprios moradores, e usar um sistema de recompensa financiado por mantenedores.

O PLANO OPERACIONAL

Trata-se dos meios para alcançar as metas. Estes meios poderiam ser por exemplo; 05 voluntários do grupo religioso ou igreja, 10 mães voluntárias que poderiam ser auxiliares segundo seus dons e habilidades, nas áreas de educação, serviços gerais e preparo dos alimentos. Poderia incluir 10 estudantes de educação infantil ou pedagogia que poderiam trabalhar como campo de estágio. Esse estágio deve ser celebrado como um convênio entre uma instituição de ensino e a filantropia que realiza a assistência às crianças. Poderia ainda incluir atendimento médico, psicológico e nutrição com voluntários da igreja. Estas ações devem ser especificadas e planejadas seguindo um calendário:

- Setembro a outubro de 2018: seleção dos voluntários e dos estagiários.
- Janeiro e fevereiro de 2019: reuniões e treinamento.
- Março de 2019: atendimento médico.
- Março a junho de 2019: reforço escolar
- Julho de 2019: colônia de Férias ou Escola Bíblica de Férias. Agosto de 2019: oportunidade para o mantenedor visitar o projeto.
- Agosto a novembro de 2019: reforço escolar.

AS AVALIAÇÕES E RELATÓRIOS

Estas avaliações e previsão de relatórios devem constar na proposta do projeto, por fazerem parte da expectativa de quem faz a doação de recursos, também porque são meios de avaliar o sucesso das ações. Estes também irão conferir maior credibilidade ao projeto e poderão abrir portas para novas contribuições. É bom que as avaliações sejam de ordem interna, realizada pelo staff do projeto, e externa realizada por uma auditoria independente. As questões de avaliação que deverão ser respondidas são:

- Que critério definirá se os objetivos foram alcançados?
- Quais os parâmetros que definirão o sucesso e fracasso do projeto?
- Quem fará a avaliação externa?

OS CUSTOS DO PROJETO

Todo projeto precisa de uma previsão de custos, o que é feito depois de considerar a estratégia, a meta e o plano operacional. A partir da estratégia os custos podem ser mais baratos ou mais caros. No exemplo acima do projeto com as crianças da Vila Paraíso, a estratégia definiu fazer uso de espaços ociosos dos templos, durante a semana. Mas se não houver espaço ou condições de segurança, o local deverá ser alugado o que aumenta as despesas.

Da mesma forma, a meta também irá influenciar. Considerando que há 105 crianças, se no planejamento o projeto ficar caro por não haver recursos humanos suficientes, possivelmente, deverá excluir uma faixa etária do projeto e trabalhar com uma quantidade menor de crianças, até que haja garantia para trabalhar todas as faixas etárias. O que não pode acontecer é faltar recursos no meio do projeto.

Os planos operacionais também podem encarecer ou baratear o projeto. Haverá voluntários suficientes ou terá que contratar algumas pessoas de tempo integral? Somado ainda a essa situação, há a necessidade de descrever tudo que implica em gastos e fazer um orçamento. O resultado será a previsão de custos do projeto. Após o levantamento de todos os gastos, divide esse valor pelo número de crianças, e assim, se encontra o custo para o apadrinhamento de cada criança do projeto. As descrições das despesas podem ser:

- Salários, honorários e benefícios (INSS);
- Contador, advogado, médicos etc.;
- Material de escritório;
- Manutenção e custos das instalações;
- Treinamento da equipe e reuniões;
- Transporte e combustível;
- Eventuais;
- TOTAL DAS DESPESAS.

As receitas do projeto podem ser:

- Quotas dos associados;
- Apadrinhamento de crianças;
- Receitas próprias;
- Serviços pro bono;
- Doações de fundações ou outras ONGs etc.;
- Captação de recursos de empresas privadas;
- TOTAL DAS DESPESAS.

Isto posto, segue de forma didática o roteiro para elaboração de projetos. Primeiro, o projeto deve responder as seguintes questões:

- Quais os problemas que serão abordados? Trata-se de um diagnóstico e uma análise da situação que definirão os futuros objetivos do projeto.
- Quais os indicadores sociais? Trata-se do levantamento de dados, realizados através de visita ao local do projeto, literatura e banco de dados das instituições públicas que tratam dos indicadores sociais.
- Quais as possíveis fontes de financiamento? Trata-se da identificação de fontes de recursos e lista de prospecção de doadores.
- Qual o plano operacional? Trata-se descrição das atividades, recursos humanos, materiais e financeiros necessários para a execução do projeto.

Na sequência, deve responder:

- Quem é a instituição responsável pelo projeto? Estas informações constam no primeiro capítulo do Estatuto da ONG. Da denominação, sede, finalidade, objetivos, princípios e duração.

- Qual o desafio proposto pela ONG? Trata-se da causa adotada. Eles devem estar de acordo com os objetivos existências, definido no estatuto.
- Qual a motivação? A motivação pode ser altruística, sem nenhum interesse religioso ou político, como pode ser definida também por um constrangimento de ordem moral diante de uma situação de carência e miséria social.
- A quem se destina o projeto? Trata-se dos beneficiários. No exemplo proposto, as 105 crianças da Vila Paraíso e as 35 famílias dessas crianças.
- Tempo de duração do projeto? Trata-se do período de execução do projeto. Ele foi idealizado para ser executado em quanto tempo?
- Quais os custos previstos para o projeto? Trata-se da previsão do custo total, e previsão detalhada de despesas e receitas por mês e ano.
- Quem assina o projeto? Nome e qualificação dos envolvidos na elaboração do projeto.
- Fontes e recursos? Trata-se de uma lista de prospecção de doadores.

ESBOÇO DE PROJETO

Segue-se alguns esboços e modelos de projetos executados, com suas devidas avaliações.

Esboço geral:
- Título do projeto. Um nome que traduz a ideia do projeto;
- Beneficiários. Descrição do público direto e indireto, que será beneficiado;
- Objetivos. Os objetivos tratam da causa e visão do projeto;

- Justificativa. Trata-se das razões que fundamentam o porquê da realização do projeto. Qual a importância da questão tratada pelo projeto? Porque é necessário a intervenção social? Em que a realidade será transformada? Por que a ONG é capacitada para tratar da questão?
- Metodologia. Como e que ações serão realizadas para a intervenção social?
- Detalhar o projeto. Quais metas deverão ser atingidas e quais atividades serão realizadas, com definição do período de cada uma delas.
- Resultados. Descrever a partir de indicadores, quais resultados são esperados e qual o impacto social;
- Sustentabilidade. Como o projeto poderá se manter a longo prazo? Em caso de intercorrências e descontinuidade de recursos, como o projeto poderá ser manter?
- Abrangência. Qual a área de alcance da ação do projeto? Uma vila, uma microrregião, uma periferia da cidade?
- Orçamento. Apresentar o orçamento, detalhamento de despesas e receitas.

MODELO PARA PROJETOS SOCIAIS

1. IDENTIFICAÇÃO DO PROJETO

1.1 Título do projeto;
1.2 Nome da entidade;
1.3 Coordenadores do projeto;
1.4 Endereço.
Site. URL:
E-mail:
1.4 Fone:( ) Cel ( )

2 JUSTIFICATIVA

Este item deverá responder o que será desenvolvido, e o porquê da necessidade do projeto na entidade e na comunidade. Deve explicar a relevância para os usuários, instituição e políticas públicas para qual sua atuação está voltada. Sugestão: até 30 linhas.

3. OBJETIVO(S)

Este item deve responder para que vai ser realizado o projeto. Deve conter objetivo geral e objetivos específicos, sempre, relacionados com os resultados que se pretende alcançar. O objetivo geral, está relacionado à missão da organização, e os objetivos específicos estão relacionados às metas. Descrever no máximo em 20 linhas.

4. PÚBLICO BENEFICIADO

Este item identifica o público que será beneficiado, refere-se a quantas pessoas, e quais as características do público a ser beneficiado pelo projeto. Sugestão: até 10 linhas

5. DESCRIÇÃO DA AÇÃO OU METODOLOGIA

Descrever com clareza e concisão (cerca de 20 linhas) as etapas necessárias. Quais e como serão desenvolvidas as atividades para atingir os objetivos propostos, incluindo a alocação de recursos humanos necessários para a efetivação da proposta, possibilitando o entendimento da execução do projeto.

6. IMPACTO

Este item trata dos resultados esperados e repercussão do projeto para o público a que se destina, mantendo coerência com os objetivos e a justificativa. Sugestão: máximo de 20 linhas.

7. PARCERIAS E INTERFACES

Este item deve identificar os apoios externos com quem será executado o projeto. Por interfaces entende-se órgãos da esfera pública (federal, estadual ou municipal) que poderão ceder suas estruturas técnicas, humanas, administrativas, financeiras e materiais, ao projeto. Por parceria entende-se empresas, entidades ou organizações das comunidades que possam apoiar o projeto.

8. RECURSOS

8.1 Materiais

Na descrição dos recursos deve constar todo e qualquer material necessário para a execução do projeto. (Por ex.: em caso de reforma, descrever os materiais que serão utilizados, tais como: canos, fios, argamassa, tinta, etc.), se necessário acrescentar mais linhas.

O valor constante deverá estar de acordo com o orçamento de menor valor, dentre os três orçamentos anexados ao projeto.

8.2. Financeiros

Neste item deve constar o valor total do projeto e quanto será financiado pela entidade e cada parte das parcerias (comprovando a existência dos valores = contrapartida).

9. CRONOGRAMA

Este item deve informar o tempo previsto para a execução de cada uma das etapas e atividades descritas na metodologia.

10. AVALIAÇÃO

Prever a metodologia de acompanhamento e avaliação, o alcance dos objetivos e dos resultados esperados. Sugestão: até 20 linhas Local e data.

Nome e assinatura do responsável técnico (se houver) e do responsável legal pela instituição.

OUTRAS OPÇÕES: ELEMENTOS DE UM PROJETO

Projeto é a forma de apresentar uma proposta de trabalho. Deve conter diversos elementos, conforme o modelo disponível:

1. Identificação
2. Justificativa
3. Objetivos
4. Resultados
5. Atividades
6. Insumos
7. Orçamento
8. Cronograma
9. Executor
10. Riscos

IDENTIFICAÇÃO

- Deve conter o nome do projeto acompanhado de layout ou ilustração que o identifique e uma descrição sumária.

JUSTIFICATIVA

- Trata-se das razões pelas quais se julga necessário executar o projeto e porque foi proposto.
- Trata-se do problema que se quer resolver, define a situação atual e a que deseja alcançar ao final do projeto.

OBJETIVOS GERAIS E ESPECÍFICOS

- Os objetivos gerais são definidos de forma genérica, diz respeito ao objeto, meta ou alvo que se quer atingir, enquanto que os objetivos específicos devem ser definidos de forma muito clara, é um detalhamento do objetivo geral.

RESULTADOS

- Os resultados tratam dos elementos que levam à obtenção de um ou mais objetivos especificados. São elementos tangíveis que o projeto deve produzir para alcançar os objetivos propostos. São resultados diretos dos objetivos específicos, pois estes são os efeitos das ações que devem ser realizados para serem alcançados.

ATIVIDADES

- As atividades do projeto originam-se diretamente dos resultados a serem obtidos e constituem-se em uma ou mais tarefas concretas que serão executadas.

INSUMOS

- Os insumos são os meios necessários para a realização do projeto, quer sejam equipamentos, material de consumo, diárias, passagens etc. São determinados depois da definição dos objetivos gerais e específicos, resultados e atividades, já que podem ser facilmente identificados como os elementos necessários para se cumprirem as tarefas de cada atividade.

ORÇAMENTO

- Trata-se da inclusão de todos os insumos apresentados no orçamento, de modo a demonstrar como serão utilizados os recursos.

CRONOGRAMA

- Trata-se da definição das atividades e seu encadeamento lógico, com definição das etapas.

EXECUTOR

- Trata-se da definição da equipe ou do responsável pelo desenvolvimento do projeto, com sua qualificação profissional.

RISCOS

- Trata-se da construção de cenários e hipóteses desfavoráveis ao projeto e das possíveis soluções que deverão ser empreendidas. Se há fatores de riscos, o que poderá ser realizado para minimizá-los ou eliminá-los?

PROJETO DE CAPTAÇÃO DE
RECURSOS LANÇAR AS REDES

Os primeiros dias desse projeto foram uma prova de fogo. Tão logo aprovado por meu coordenador, saí de viagem para o Tocantins para visitar igrejas e pastores, e como sempre fazia, fui acompanhado por um dos meus amigos. Dessa vez era o Guilherme Burjack, hoje missionário na Espanha.

O projeto Lançar as Redes, começou dando certo, e ao mesmo tempo gerando surpresas. Na viagem paramos para almoçar em um restaurante de beira de estrada, que era em uma palhoça, mas como a comida nos atraiu pelo cheiro e boa aparência, o local não importava, era tudo muito bem asseado. E de fato, que comida boa.

Só não imaginávamos que sairíamos correndo, fugindo do local. Em poucos minutos, após a refeição, fomos confundidos com policiais, investigando furto de combustível. Corremos até o carro, com o coração acelerado e respiração ofegante, entramos rapidamente, fechamos a porta e sumimos na estrada.

Esse projeto, foi apenas parte de uma jornada marcada pela presença e proteção de Deus, que teve início em 2003 se estendendo até 2007 quando fui para o norte da Itália.

O Projeto Lançar as Redes, pode ser visto apenas como um texto com muitas informações e números frios, mas ao ler, tente descobrir como por meio dele, voluntários se apresentaram para o Radical África e Radical Luso, como também através dele, vieram os recursos financeiros que deram sustentação ao trabalho missionário na África, Ásia e Oriente Médio.

Mobilizador,
Ezequiel Brasil Pereira

PROJETO
LANÇAR AS REDES

"...lançai as vossas redes..."
(Paráfrase Lc 5:4)

Introdução

O Projeto "Lançar as Redes", pretende ser uma ação planejada com o objetivo de estruturar igrejas, líderes e amigos de missões, tendo como foco empregar os recursos humanos, materiais e financeiros em Missões Mundiais. Destina-se a promover a comunicação, um movimento de oração, capacitação, o discipulado missionário e a mobilização nas igrejas batistas, para investir em missões. Criar uma rede de oração e uma matriz de recursos humanos, materiais e financeiros em Goiás, Distrito Federal, Tocantins, Mato Grosso e Mato Grosso do Sul, para investir em missões transculturais, através da JMM. Que Deus receba toda honra, glória e louvor de todos os povos, línguas e nações.

Lançar as redes neste contexto significa conectar pessoas, trabalhar a informação, motivação e criar oportunidades. É também uma analogia a ordem de Jesus a seus discípulos "...lançai as vossas redes para a pesca..." (Lc 5:4), que como resultado da intervenção de Deus, ocorre a pesca maravilhosa.

Nós também precisamos da intervenção de Deus para fazer uma pesca entre os povos não alcançados. No contexto da pesca maravilhosa, os pescadores eram os recursos humanos, o barco e a rede, os recursos materiais. O peixe era a subsistência, tanto o alimento quanto o sustento. Vender o peixe, portanto, significa os recursos financeiros, em razão da demanda que era a necessidade de sustentar famílias.

De igual modo, em missões há a necessidade de recursos humanos que são os missionários, promotores e os mobilizadores que tecem as redes de missões. Recursos materiais, que vem a ser estrutura física e recursos financeiros, em nosso contexto o Programa de Adoção Missionária - PAM, que se destina a atender uma demanda, sustentando o trabalho missionário, em especial o desafio dos povos não alcançados.

O trabalho da JMM assemelha-se a uma rede em um mundo sem fronteiras, é formado por inúmeros projetos que se estendem por todos os continentes.

Objetivo Geral

Fazer captação de recursos em Goiás, Distrito Federal, Tocantins, Mato Grosso e Mato Grosso do Sul.

Objetivo Específico

- Fazer uma cobertura da região Centro-norte, atendendo as igrejas e líderes com equipe;
- Melhorar e ampliar o relacionamento das igrejas e organizações com a JMM;
- Ter promotores de missões em todas as igrejas, que inspire outras pessoas a investirem em missões;
- Trabalhar com pastores e ministros de educação cristã, ministros de música, evangelistas e seminaristas para estabelecer missões como prioridade nas agendas e orçamento das nossas igrejas.

Estratégia

- Criar uma rede de promotores local em Goiás, Distrito

Federal, Tocantins, Mato Grosso e Mato Grosso do Sul, mais promotores regionais e setoriais distribuídos por microrregiões e associações;
- Trabalhar com associações e igrejas estratégicas na realização de congressos e conferências;
- Trabalhar com conjunto de igrejas que tem visão e contribuem;
- Trabalhar com conjunto de igrejas que não tem visão e não contribuem;
- Pesquisa permanente sobre diagnóstico de igrejas e líderes;
- Dividir os estados de Goiás, Distrito Federal, Tocantins, Mato Grosso e Mato Grosso do Sul em regiões e microrregiões;
- Disponibilizar cursos de missões e discipulado de missões com pequenos grupos;
- Desenvolver a mobilização através de conscientização, cursos, treinamentos e engajamento;
- Investir em relacionamentos e participar de encontros de homens e mulheres de negócios.

Metas 2003

Metas do Representante da JMM
Voluntários 20
Grupos de oração (PIM-Programa de Intercessão Missionária) 40
PAM – Empresas/Profissionais 20
PAM – Igrejas 20
PAM – Congregações 20
PAM – Organizações 40
PAM – Sustentador 120
Promotores locais 150
Promotores Setoriais e, ou regionais 30

Capacitação de Promotores 05
Projetos Missionários   05
Visitar Pastores e outros Ministros   144
Promoção Missionária em Igrejas   96
Produção de Boletim de Missões   03
Congressos 05
Metas Promotor Setorial 20
PAM – Igrejas 03
PAM – Congregações 02
Grupos de Oração (PIM)   05
Promotores locais 10
PAM – Sustentador 10
PAM – Grupo (Organização) 05
Metas para Promotor Local
PAM – Igrejas 01
PAM – Grupo   02
PAM – Sustentador 10% dos membros da igreja
Grupos de Oração (PIM)   01
Promotor- Grupo (Organização) 01
Metas para Promotor Grupo
PAM – Grupo   01
Grupos de Oração (PIM)   01
PAM – Sustentador 10% dos membros da igreja
Vigília Missionária 01

- Estímulo para Conquistas de Metas: Reconhecimento pelas conquistas e esforços;
- Certificação para promotores que alcancem as metas (bronze, prata e ouro conforme pontuação);
- Carta do missionário, projeto adotado pelo promotor, brindes e lembranças conforme pontuação;
- Fazer parte de um projeto repleto de entusiasmo e emoção. Treinamento permanente.

Beneficiários

- Benefício Geral: o Projeto "Lançar as Redes" como matriz de captação de recursos humanos, materiais e financeiros, destina-se a atender as necessidades e desafios propostos pela JMM, que é responsável pela execução e prestação de contas. Ele beneficia líderes e a igreja local, beneficia os membros das igrejas que crescem no conhecimento e comprometimento com missões;
- Benefícios Específicos: A captação de recursos visa atender às necessidades dos projetos. Beneficia os missionários e principalmente pessoas que passam a conhecer e confessar Jesus como Senhor e Salvador;

Justificativas

- Necessidade de ampliar a participação, despertar igrejas e líderes que ainda não estão integrados em missões;
- Despertar igrejas que por uma série de contingências perdem o foco em missões e estabelecem outras prioridades;
- Necessidades de desenvolver uma rede de voluntários motivados por missões que possam empregar seus dons, habilidades, recursos e relacionamentos;
- Necessidade de fortalecer, ampliar e conquistar novos campos missionários.

Problematização

Considerando uma área geográfica extensa, e a necessidade de alcançar toas as Igrejas e organizações, e considerando que é fundamental para a manutenção e expansão do trabalho missionário a captação de recursos, e para que isso ocorra é preciso que haja líderes maduros e comprometidos com missões, quais seriam as ferramentas necessárias para ampliar a visão missionária? Como levar estas igrejas a priorizarem missões em suas agendas e orçamentos? Tanto a extensão da área geográfica, quanto a necessidade de líderes focados em missões transculturais é o desafio a ser vencido através do projeto "Lançar as redes".

Estratégias

- Apresentar projetos e missionários com maior identificação na região de acordo com o número de adoções, novos desafios e origem dos missionários (os que saíram da região);
- Selecionar projetos com identificação específica, pontos comuns entre a igreja local, o missionário e o projeto, para divulgar o PAM na região;
- Treinar os promotores de acordo com projetos específicos;
- Criar uma rede de promotores local em Goiás, Distrito Federal, Tocantins, Mato Grosso e Mato Grosso do Sul e promotores regionais e, ou, setoriais distribuídos por microrregiões e associações;
- Trabalhar com associações e Igrejas estratégicas na realização de congressos e conferências;
- Trabalhar com conjunto de igrejas que tem visão e contribuem;
- Trabalhar com conjunto de igrejas que não tem visão e não contribuem;
- Pesquisa permanente sobre diagnóstico de igrejas e líderes;
- Dividir os estados de Goiás, Distrito Federal, Tocantins, Mato Grosso e Mato Grosso do Sul em regiões e microrregiões;
- Igrejas da Convenção Batista Goiana na Grande Goiânia. De 118 Igrejas no Estado de Goiás, 71 encontram-se em Goiânia;

- Igrejas da Associação Centro-Norte Goiano. De 46 Igrejas e congregações, 11 encontram-se em Anápolis;
- Igrejas da Convenção Batista do Planalto Central (DF), entorno de Brasília, Goiás e Minas Gerais. De 114 Igrejas, aproximadamente 90 encontram-se em Brasília e Entorno;
- Microrregiões com associações e igrejas estratégicas: Iporá, Rio Verde, Mineiros, Caldas Novas, Itumbiara em Goiás. Sobradinho, Taguatinga e Gama no Distrito Federal.
- Gurupí em Palmas com 35.
- Igrejas e norte do Tocantins com 1 Seminário em Araguaína e 29 Igrejas que abrangem Pará e maranhão pertencem a CONBATO. Incentivar, apoiar, organizar caravanas missionárias;
- Disponibilizar recursos de missões e discipulado de missões com pequenos grupos;
- Investir em relacionamentos e participar de encontros de Homens e Mulheres de Negócios.

(Dados do autor referentes a 2006.)

Cronograma

- Visitar 32 igrejas entre junho e dezembro;
- Visitar 60 pastores entre junho e dezembro;
- Realizar 06 pequenos encontros de promotores entre junho e dezembro;
- Formar uma equipe de promotores regionais para o Centronorte entre junho e dezembro;
- Realizar 05 treinamentos de promotores em janeiro;
- Visitar 84 pastores e outros Ministros entre janeiro e maio;
- Promoção Missionária em 96 Igrejas entre janeiro e maio.

Recursos

Disponibilizar R$ 3 mil reais por mês, para viagens e alimentação.

Avaliação

A avaliação do projeto será feita a cada 03 meses pelo Representante da JMM e pela Coordenação de Desenvolvimento de Recursos e Projetos da JMM.

Goiânia, agosto de 2003.

Ezequiel Brasil Pereira

PROJETO MAIS VIDA
2012
PROJETO DE PREVENÇÃO ÀS DROGAS

1. INTRODUÇÃO

(Uma breve apresentação do projeto, dizer o que é o projeto).

Mais Vida é um projeto de prevenção ao uso de drogas ilícitas, que consiste na parceria entre o xxxxxxxxxxxxxx, e instituições religiosas, como parte da sociedade civil organizada (Igreja Católica, igrejas evangélicas e outras organizações religiosas).

Mais Vida neste contexto significa viver a vida com qualidade, vida saudável, vida plena. Vida sem drogas e dependência química.

2. OBJETIVO

(O que se pretende alcançar).

2.1 Desenvolver a cultura de prevenção ao uso de drogas ilícitas;

2.2 Desenvolver a cultura do voluntariado na prevenção e apoio.

3. METAS

(É estabelecido para se alcançar o objetivo).

3.1 Criar e sistematizar um grupo de voluntários;

3.2 Criar um sistema de captação de recursos na iniciativa privada para financiar o projeto Mais Vida;

3.3 Organizar (x) palestras de prevenção destinadas aos pais;

3.4 Promover a criação de (x) Escolas de Pais (reuniões semanais, quinzenais);

3.5 Desenvolver uma campanha educativa através de instituições religiosas;

3.6 Núcleos de Ajuda Anônima Contra as Drogas (em cada instituição religiosa).

4. JUSTIFICATIVAS

(O porquê do projeto? Qual a relevância?).

Este projeto surge da necessidade de maximizar esforços na luta contra as drogas, envolvendo a sociedade civil organizada através de parcerias com os governos federal, estadual, municipal e a sociedade civil organizada, particularmente as instituições religiosas em razão do alto grau de credibilidade e comprometimento na recuperação de dependentes químicos.

O combate ao uso das drogas por parte do Governo do Estado torna-se ineficaz, sem o envolvimento de toda a sociedade. O problema do uso de drogas ilícitas é de todos, por envolver todos os segmentos da sociedade. Não se trata apenas de problema particular ou familiar, mas se transformou em um dos maiores desafios da saúde pública, e que para ser bem-sucedido na guerra contra as drogas, há de se construir parcerias através de projetos de prevenção e investimentos no tratamento dos usuários.

Através das instituições religiosas, crianças, adolescentes, jovens e pais devem ser instruídos na importância do diálogo familiar e fortalecimento da confiança no ambiente familiar e religioso como meio de enfrentamento as abordagens de traficantes e como buscar ajuda de profissionais e autoridade públicas quando se percebe que os filhos estão saindo ou já saíram do controle.

5. PROBLEMATIZAÇÃO

(Aqui se descreve a ineficiência do Estado em fechar as fronteiras para o tráfico, o crescimento do tráfico e da violência, as novas drogas, a facilidade em adquirir drogas, falta de recursos do poder público, desconhecimento de políticas públicas de enfrentamento às drogas, fortalecimento das parcerias entre União, Estados, Municípios e Terceiro Setor, falta de fiscalização de verbas destinadas às parcerias, A incapacidade do poder público promover a recuperação do dependente, aqui também entram estatísticas).

6. ESTRATÉGIAS

(Aqui entra as ideias de desenvolvimento das ações preventivas, tudo o que pode ser realizado como ações para se alcançar as metas e o objetivo final do projeto). Exemplos:

6.1 Realização do Fórum Evangélico de Cidadania e Ação Contra as Drogas;

6.2 Ou Realização do Fórum Cristão de Cidadania e Ação Contra as Drogas;

(Aqui pode ser realizado por segmentos religiosos por afinidades).

6.3 Criação de Núcleos de Ajuda Anônima a Dependentes Químicos (semelhante ao AA), usando o espaço ocioso das igrejas, uma vez por semana para reuniões;

6.4 Criação de Grupo de Voluntários (a partir dos recursos humanos disponíveis nas igrejas);

6.5 Palestras, artes (redação, música, teatro, poesia etc);

6.6 Passeio ciclístico com mensagem de prevenção;

6.7 Café da Manhã com lideranças religiosas;

6.8 DISQUE MAIS VIDA (central de orientação as ações de prevenção, central de internação etc.);

6.9 Programa esportivo (usar o esporte como estratégia para trabalhar a autoestima e ocupar o tempo ocioso. Neste mesmo período, desenvolver ações preventivas através de palestras);

6.10 Firmar parceiros com instituições privadas e órgãos públicos que trabalham com PPED (Políticas Públicas de Enfrentamento às Drogas).

7. CRONOGRAMA

(Aqui se descreve os passos de implantação do projeto piloto, onde se aplica o projeto em um tamanho pequeno para alcançar eficácia, posteriormente a ampliação do projeto por etapas, o prazo de cada etapa, data de início do projeto, data de finalização do projeto. Tempo ideal: 02 anos, podendo ser renovado).

8. CUSTOS

(Aqui se faz um levantamento de todas as despesas do projeto, uma previsão de gastos e receitas).

9. AVALIAÇÃO DO PROJETO

(Aqui se define quando, como, por quem o projeto é avaliado, se é necessário e viável renovar o projeto).

10. BIBLIOGRAFIAS E FONTE DO PROJETO

(......).
Representantes das instituições que firmarem parcerias.
Assinam o projeto
Data e local

MODELO DE PROJETO CULTURAL

IDENTIFICAÇÃO DO PROJETO

Área: Segmento:
Cidade de Realização do
Projeto: UF:
Data de Realização:
Valor total do projeto: Valor já captado:
Valor solicitado para patrocínio:

IDENTIFICAÇÃO DO PROPONENTE

(Informe os dados da Entidade e de seu representante legal)
Entidade:
CNPJ:
Endereço:
Cidade: UF: CEP:
Telefone: E-mail:

IDENTIFICAÇÃO DO PROPONENTE

Nome:
CPF:
Endereço:
Cidade: UF: CEP:
Telefone:
E-mail:

APRESENTAÇÃO

(Elaborar um texto informando o que é o projeto e do que se trata a solicitação de patrocínio)

OBJETIVO

(Informar **o que** pretende realizar)

Os objetivos devem ser expostos de maneira clara e sucinta e expressar o(s) resultado(s) que se pretende atingir, o(s) produto(s) final(s) a ser(em) alcançado(s), período e local de realização. Um projeto pode ter mais de um objetivo, mencione todos.

JUSTIFICATIVA

(Explicar **porquê** se propõe o projeto)
Responda as seguintes perguntas:
Por que tomou a iniciativa de realizar o projeto?
Que circunstâncias que favorecem a sua execução?
Qual o diferencial desse projeto? (Ineditismo, pioneirismo, resgate histórico, etc.)
Qual o histórico?
Público-alvo:
Quantidade:
Descreva as especificações técnicas do seu projeto de acordo com o segmento cultural em que o mesmo se enquadra (exemplo: se o projeto for uma publicação literária, descreva as dimensões do livro, tipo de acabamento, quantidade de páginas, evento de lançamento, forma de distribuição e comercialização etc. Se o projeto for uma exposição de artes visuais, descreva o tamanho e quantidade de obras a serem expostas, a técnica utilizada pelo artista etc). Detalhar o que será apresentado no projeto: Currículo dos principais profissionais envolvidos no projeto (artistas, atores, músicos etc), bem como da empresa responsável pela sua realização. Ficha técnica do projeto: Descreva os principais eventos realizados pela empresa proponente: Descreva se houve algum evento realizado pela empresa proponente que contou com o patrocínio dos Correios: Outros aspectos que julgue pertinente mencionar:

BENEFÍCIOS A SEREM PRODUZIDOS A PARTIR DA REALIZAÇÃO DO PROJETO

(Detalhar os benefícios)

Culturais – Quais os benefícios para a população quanto aos aspectos culturais?

Sociais – Quais os benefícios para a população quanto aos aspectos sociais?

Econômicos – Quais os benefícios para a população quanto aos aspectos econômicos?

ESTRATÉGIA DE AÇÃO

(Detalhar **como** e **quando** será realizado)

Estratégia de ação é o detalhamento das etapas de trabalho. Enumere e descreva as atividades necessárias para atingir os objetivos desejados e explique como pretende desenvolvê-las. Uma boa estratégia de ação é aquela que:

- Demonstra a capacidade do proponente em viabilizar o projeto;
- Detalha os objetivos e mostra claramente a ordem da realização;
- Prevê o tempo de duração de cada etapa;
- Lista os profissionais envolvidos;
- Demonstra coerência com o orçamento;
- Informa ações que não serão subsidiadas pelo mecanismo de apoio escolhido, mas que serão importantes na compreensão geral do projeto. Neste caso é necessário indicar como essas ações serão custeadas.

CONTRAPARTIDAS

Proposta de contrapartidas específicas relativas ao valor do patrocínio ao projeto;

Deverá estar em papel timbrado e assinada pelo representante legal da empresa;

Deverá conter o detalhamento do plano de mídia.

OBS: As contrapartidas inicialmente apresentadas poderão ser negociadas durante o processo de contratação.

PLANILHA DE CUSTOS

Elaborar um orçamento detalhado de todas as ações do projeto: especificando de maneira clara todas as rubricas da planilha (quantidade unitária, valor unitário e valor total);

Deve estar em papel timbrado e assinado pelo representante legal da empresa;

Deverá prever quais serviços serão executados por pessoas físicas ou por pessoas jurídicas, especificando cada caso.

CRONOGRAMA

Cronograma atualizado, assinado pelo representante legal em papel timbrado, com o período de realização do projeto e descrição de todas as etapas a serem realizadas.

Até aqui, você viu

OS PROJETOS INSPIRADOS NA FÉ

Os projetos inspirados na fé, tiveram suas origens nas FIOs - Faith-Inspired Organizations, também conhecidas por FBOs - Faith-Based Organization, termo também usado pelo Banco Mundial, que criou o departamento de "Parcerias com Organizações Baseadas na Fé", para tratar somente de igrejas e organizações religiosas.

O Programa de Desenvolvimento das Nações Unidas, define organizações baseadas na fé (FBOs), como; "organizações que possuem como inspiração e orientação para suas ações de filantropia, os ensinamentos e princípios da fé ou de uma interpretação particular ou escola de pensamento dentro dessa fé".

Para o cristão, desenvolver projetos sociais inspirados na fé, caridade e compaixão, deve ser um estilo de vida e uma expressão da própria fé, em que o amor a Deus, é demonstrado no amor que se tem pelo próximo.

Por trás de cada projeto, há sonhos, há uma história e uma motivação, há uma mente que trabalhou para dar corpo a ideias para responder a uma situação.

Um projeto pode ser o ponto de partida para transformações em uma escala sem fim, e as decisões mais simples, podem ter efeitos permanentes.

Projeto é a atividade em sequência, divididas em tarefas, estabelecidas dentro de um prazo, que procuram responder um desafio ou obstáculo. São as habilidades e as técnicas para elaboração de atividades relacionadas a um conjunto de objetivos pré definidos num certo prazo, com um certo custo e qualidade, através da mobilização de recursos técnicos e humanos.

O programa é o conjunto de projetos agregados ou separados em projetos menores. O programa não inclui a descrição das atividades e outros aspectos operacionais, pode envolver atividades repetitivas e cíclicas e sua finalização pode não estar ligada a uma data específica, podem ser permanentes ou de longa duração.

Os itens importantes que deverão ser observados em um projeto são:

Termo de Abertura do Projeto
Problema
Objetivo
Meta
Estratégia
Plano Operacional
Avaliações
Previsão de Custos

ATIVIDADES

Questão 01. Assinale no gabarito, a alternativa correta.

1. As FIOs ou FBOs, são organizações que possuem como inspiração e orientação para suas ações de filantropia, os ensinamentos e princípios do cristianismo.
2. Desenvolver projetos sociais inspirados na fé, para o cristão, deve ser um estilo de vida baseado na tradição espiritual.
3. Projeto é um conjunto de objetivos operacionais que envolve atividades repetitivas e cíclicas para alcançar uma meta.
4. Programa é o conjunto de projetos agregados ou separados em projetos menores.
5. Os stakeholders é o conjunto de promotores e mobilizadores de projetos de filantropia e missões.

a. As alternativas 1 e 4 estão certas.
b. As alternativas 2 e 5 estão certas.
c. A alternativa 3 está certa.
d. A alternativa 4 está certa.
e. As alternativas 1, 2, 3 e 5 estão certas.

Questão 02: Quais os prejuízos ou vantagens em limitar as contribuições de missões, apenas ao orçamento mensal da igreja? R:

Questão 03: Os recursos financeiros podem ser tratados de forma espiritual? R:

Questão 04: Conforme o case "A Oferta da Quarta feira", baseado em que a Cia de teatro conseguiu levantar uma grande contribuição? Que lição se pode tirar dessa experiência? R:

Questão 05: Conforme o case "A Oferta da Quarta feira", porque razão muitos membros não contribuíam com sua própria igreja, mas se comprometiam com outras instituições? R:

Questão 06: Após os exemplos de captação de recursos, pesquise e relacione 03 campanhas que envolvam patrocinadores semelhante ao Instituto Ronald Mcdonald e seus parceiros, 03 captações realizadas por plataformas digitais, 03 captações através de percentuais de venda de produtos, 03 suportes oferecidos por negócios pela internet, e 03 captações realizadas pelo Terceiro Setor. R:

BIBLIOGRAFIA

ALVES, J.C. (2018) *Gerenciamento de Projetos*. 1.ª ed. Brasília: Verbena editora.

ANTHONY, R. (1993). *O Poder Mágico da Super Persuasão*. São Paulo: Círculo do livro.

ARMANI, D. (2008). *Mobilizar Para Transformar*. Recife: OXFAM.

BARROS, G. (2006). *Planejamento Estratégico 2006-2009*. Rio de Janeiro: JMM.

BLACKMAN, R. (2004). *Captação de recursos*. Teddington - Reino Unido: Tearfund. Disponível em: www.tilz.info

BAUMAN, Z. (1999). *Globalização: As Consequências Humanas*.1.ª ed. Rio de Janeiro: Zahar.

BLEDSOE. D.A. (2015). *Pacto Cooperativo e Missões*. 2ª ed. Rio de Janeiro: JMN & Editora Convicção, 2015.

BOTELHO, D. (2005). *Brasil, o gigante adormecido*. 1ª ed. Camanducaia – MG: Horizontes.

BRYAN Jr. in Willmer. (1989). *Dinheiro para Ministérios*. Edição traduzida de Money for Ministries, por Neyd Siqueira, para Asas de Socorro. Anápolis: Asas de Socorro.

CAMPANHÃ, J. (2000). *Segredos da Liderança*. 2ª impressão. São Paulo: Editora Vida.

DEEP, S. & Sussman, L. (1992). *Atitudes Inteligentes*. Rio de Janeiro: Nobel.

EIMS, L. (1998). *A Formação de Um Líder*. 2ª ed. São Paulo: Mundo Cristão.

ENGEL. F.J. in Wilmmer. (1989). *Dinheiro para Ministérios*. Edição traduzida de Money for Ministries, por Neyd Siqueira, para Asas de Socorro. Anápolis: Asas de Socorro.

FONSECA, J. (1997). *Conta outra, histórias para sermões e estudos criativos.* 3ª ed. São Paulo: Editora Eclesia.

GUBER, P. (2013). *Contar Histórias para vencer: Conectar, persuadir e triunfar com o poder de uma boa história.* Rio de janeiro: Alta Books.

JOHNSTON. L.F. in Willmer. (1989). *Dinheiro para Ministérios.* Edição traduzida de Money for Ministries, por Neyd Siqueira, para Asas de Socorro. Anápolis: Asas de Socorro.

KELLEY, D. (2003). *Dinheiro para sua causa.* São Paulo: Texto Novo.

KILLION. J.C in Willmer. (1989). *Dinheiro para Ministérios.* Edição traduzida de Money for Ministries, por Neyd Siqueira, para Asas de Socorro. Anápolis: Asas de Socorro.

LAURENCE, P. (2008). *Atlas Histórico e Geográfico da Bíblia.* Barueri, SP: SBB.

LEVINSON, J.C. (1993). *Marketing de Guerrilha.* São Paulo: Círculo de Livro.

MAXWELL, J. (2006). Você Faz a Diferença: *como sua atitude pode revolucionar sua vida.* São Paulo: Thomas Nelson.

MAXWELL, J. (2004). *Competências Pessoais; que as empresas procuram.* São Paulo: Mundo Cristão.

PEREIRA. E. B. (1996). *O PODER DA INTERCESSÃO. Manancial,* ano 42, no 02, 2T96, p.16, Rio de Janeiro: UFMBB.

PEREIRA, L. A. A. (2015). *Comunicando com Estratégia.* Goiânia: Editora Interativa.

PEREIRA, C. (2001). *Captação de Recursos: Conhecendo Melhor porque as Pessoas Contribuem.* São Paulo: Editora Mackenzie.

PETERSON, E. (2011). *A Mensagem: Bíblia em Linguagem Contemporânea.* São Paulo: Editora Vida.

PIPER, J. Andrew Fuller. (2016). *Holy Faith, Worthy Gospel,* World Mission.1ª ed. Wheaton, Illinois, Published by Crossway.

POWELL, JOHN. (2004). *Porque Tenho Medo de lhe Dizer Quem Sou Eu.* 22ª ed. Belo Horizonte: Editora Crescer.

PRICE, J. M. (1980). *A Pedagogia de Jesus; O mestre por excelência.* 3ª ed. Rio de Janeiro: JUERP.

QUEIROZ, E. (1998). *A Igreja Local e Missões*. 5ª ed. São Paulo: Vida Nova.

QUEIROZ, E. (1999). *A Administração das Finanças na Obra Missionária*. 1ª ed. Curitiba: Descoberta Editora.

SANTOS, A. (2013). *Revista da campanha 2013 – Testemunhe às nações*. Rio de Janeiro: JMM.

SIQUEIRA, C. (2006). Programa de Formação de Gestores Sociais, in: Ethné-Fórum Reflexão Missionária 2006. Goiânia: Fórum.

SHEDD, R. P. (1997). *Bíblia Shedd*. 2ª ed. Revista e Atualizada no Brasil. São Paulo: Vida Nova; Barueri: SBB.

SMITH, O. (2002). *O CLAMOR DO MUNDO*. 10ª impressão, São Paulo: Editora Vida.

TAYLOR, J. *Revista Mensagem da Cruz* - 1983, jul. set. N° 61. Venda Nova – MG: Editora Betânia, 1613 – 1667.

TOCQUEVILLE, A. (1979). *A Democracia na América, in Os Pensadores*. 2ª ed. São Paulo: Abril.

XAVIER. A. (2015). *Storytelling, histórias que deixam marcas*. 1ª ed. Rio de Janeiro: Best Business.

WILLMER. W. K. (1989). *Dinheiro para Ministérios*. Edição traduzida de Money for Ministries, por Neyd Siqueira, para Asas de Socorro. Anápolis: Asas de Socorro.

WEBGRAFIA:

A BÍBLIA É NOSSA CAUSA. URL: https://sbb.colabore.org/querofertar/people/new Acedido em 25.06.18

ANDREW FULLER. URL:https://en.wikipedia.org/wiki/Andrew_Fuller Acedido em 30.06.18

APARELHOS EM STAND-BY. URL: https://economia.uol.com.br/financaspessoais/noticias/redacao/2015/01/28/aparelhos-em-stand-by-gastam-12da-luz-de-uma-casa-aprenda-a-economizar.htm Acedido em 15.07.18

A DIFERENÇA ENTRE HARD SKILLS E SOFT SKILLS:

URL: https://exame.abril.com.br/carreira/qual-e-a-diferenca-entre-hardskills-e-soft-skills. Acedido em 13.07.18

AS OFERTAS DA PEQUENA EDEN CHURCH. URL: https://www.worldthrust.com/the-willing-heart. Acedido em 29.07.18

BAM GLOBAL: URL: HTTPS://BAMGLOBAL.COM.BR/O-QUE-E-BAM. Acedido em 28.02.22

BANCO DE DADOS SOBRE INDÍGENAS NO BRASIL: em 08.01.2020 em URL: https://bamglobal.com.br/o-que-e-bam. Acedido em 28.02.22

BOEROP, B. (2014). Sending Capacity. URL: https://www.worldthrust.com/sending-capacity. Acedido em 13.07.18

CAUSETEAM. (2022). Em 09.03.2022 em URL:https://www.causeteam.com/blog/lets-talk-fundraising-options

CENTER FOR MISSION MOBILIZATION. (2016). GO Mobilize. 1ª edição.

Fayetteville-Arkansas: CMM Press, in: https://www.mobilization.org. Acedido em 30.06.18

CÓDIGO DE ÉTICA. URL: http://captadores.org.br/codigo-de-etica. Acedido em 30.06.18

COFRINHO MISSIONÁRIO URL: http://www.pom.org.br/cofrinhomissionario. Acedido em 01.07.18

CHURCH FUNDRAISING: The Ultimate Guide. URL: https://www.radacutlery.com/fundraising/resources. Acedido em 04.07.18

CROWDFUNDING. URL: http://www.financiamentocrowdfunding.com. Acedido em 18.07.18

DOAÇÕES COM COFRINHOS. URL: http://www.diariodaamazonia.com.br/doacoes-com-cofrinhos-arrecada-r-18-mil/?dinamico. Acedido em 25.06.18

DIFERENÇA ENTRE PROJETO E PROGRAMA. URL: https://artia.com/blog/entenda-a-diferenca-entre-projetos-programase-portfolios. Acedido em 17.07.18

EU TENHO UM SONHO. URL: https://marketingdeconteudo.com/storytelling-guia. Acedido em 27.07.18

FAYOL, H. (1841-1925). Texto escrito por ELAINA, J. Acedido em 16.06.18 em; https://www.portal-gestao.com/artigos/6886-henri-fayol-paida-teoria-cl%C3%A1ssica-da-administra%C3%A7%C3%A3o.html

FAYOL, H. (1841-1925). Acedido em 16.06.18 em; https://pt.wikipedia.org/wiki/Jules_Henri_Fayol

FBOs. Faith-based organizations. p.5 http://www.undp.org/content/dam/undp/documents/partners/2014_UNDP_Guidelines-on-Engaging-with-FBOs-and-Religious-Leaders_EN.pdf. Acedido em 27.07.18

FINALIZANDO A TAREFA: Acedido em 16.06.18 em; https://www.finishingthetask.com/index.html#

INSTITUTO RONAD McDONALD. URL: https://institutoronald.org.br/cancer-campanhas-eventos. Acedido em 30.06.18

JEROME BRUNER, A LIÇÃO DA HISTÓRA. URL:

https://www.theguardian.com/education/2007/mar/27/academicexperts. hig hereducationprofile. Acedido em 27.07.18

JASON G., Bethany et tal (2016). GO Mobilize. Center for Mission

LOGISTICS. URL: https://www.britannica.com/topic/logistics-military Acedido em 03.07.18

LOJA DO BEM. URL:

http://lojabancadobem.com.br/?_ga=2.110623875.703057064.1579524880-1764679249.1579284418. Acedido em 27.01.20

MOBILIZATION. 1ª edição. Fayetteville-Arkansas: CMM Press, in: https://www.mobilization.org. Acedido em 04.07.18

MINISTÉRIO DA DEFESA. (2007). Glossário das Forças Armadas,

MD35-G-0, 4ª edição, Boletim MD no 009, de 2 de março de 2007 MILITARY MOBILIZATION. (n.d.) Dictionary of Military and Associated Terms. (2005). Retrieved July 3 2018 from https://www.thefreedictionary.com/Military+mobilization

URL:http://www.abingdonpress.com/product/9781501804922#. Acedido em 04.07.18

O QUE É PROJETO. URL: https://artia.com/blog/gestao-de-projetoso-que-e-para-que-serve. Acedido em 17.07.18

O QUE OS FAZ ÓTIMOS:

https://epocanegocios.globo.com/Inspiracao/Carreira/noticia/2015/08/5tracos-dos-lideres-criativos.html. Acedido em 04.07.18

OBAID, A.T (2008). Culture Matters: Lessons from a Legacy of Engaging

Faithbased Organizations. United Nations Population Fund New York, USA. Acedido em 04.07.18

O QUE É STORYTELLING. URL: https://www.escoladeroteiro.com.br/estrutura-de-storytelling/o-que-estorytelling. Acedido em 28.07.18

O EXEMPLO DE WESLEY. URL: https://www.christianitytoday.com/pastors/1987/winter/87l1027.html acedido em 29.07.18

O QUE É A PROPAGAÇÃO DA FÉ. URL: https://propagationarchny.org/what-is-propagation Acedido em 01.07.18

PONTIFÍCIA OBRA MISSIONÁRIA. URL: http://www.pom.org.br/conheca-a-iam. Acedido em 01.07.18

PÃO AMIGO. url:https://www.facebook.com/paoamigo/photos/a.128326104177161/1055494468126982/?type=3&theater Acedido em 27.01.2020

PROJETOS DA EDITORA MOL. url https://editoramol.com.br/projetos Acedido em 27.012020

PAULINE JARICOT. URL: http://paulinejaricot.org/pt/la-propagation-de-lafoi. Acedido em 04.07.18

PARENTE. U (2017). Storytelling, como contar histórias sobre marcas que não têm uma boa história para contar. São Paulo: Umehara

PEREIRA, E. B. (2018). Quando a Paixão Encontra Uma Causa: A História de Ryan Hreljac. Baseado no depoimento, When Passion Meets Vision: The Ryan Hreljac Story. Copyright 2014, Farm Credit Canada, in:https://www.youtube.com/watch?v=jvPftkOfmFY

PEREIRA, E. B. (2017). Atitude que faz diferença: Como as pequenas ações se tornam relevantes na vida das pessoas.

Goiânia:https://artigos.gospelprime.com.br/atitude-que-faz-diferenca/ PLANO COOPERATIVO DA CBS. URL: http://www.sbc.net/cp.Acedido em 17.07.18

PLANO COOPERATIVO DA CBB. URL: http://www.convencaobatista.com.br/siteNovo/pagina.php?EVE_ID=49. Acedido em 17.07.18

PROPAGAÇÃO DA FÉ. URL: https://propagationarchny.org. Acedido em 01.07.18

POVOS NÃO ALCANÇADOS NO BRASIL, em 08.01.2020 em URL: http://ultimato.com.br/sites/paralelo10/2017/03/povos-nao-alcancados-no-brasil-a-realidade-indigena. Acedido em 22.01.2020

RELATÓRIO INDÍGENAS DO BRASIL, DAI-AMTB (2010), em 08.01.2020 em URL:http://www.lideranca.org/amtb/downloads/relatorio2010.pdf Acedido em 22.01.2020

RECORDE EM SOLIDARIEDADE.

URL:https://www.hcancerbarretos.com.br/82-institucional/noticiasinstitucional/2139-recorde-em-solidariedade-cofrinhos-do-hospital-arrecadam-mais-de-2-milhoes-em-2017. Acedido em 25.06.18

STORYTELLING. URL:

https://novaescolademarketing.com.br/marketing/o-que-e-storytelling. Acedido em 28.07.18

STORYTELLING. URL: https://marketingdeconteudo.com/storytellingguia. Acedido em 28.07.18

THE MANY FACES OF FUNDRAISING.

URL:https://www.ministrymagazine.org/archive/2011/02/the-many-facesof-fundraising. Acedido em 30.06.18

UM CAFEZINHO. URL: http://ultimato.com.br/sites/apoie. Acedido em 30.01.18

UNITED NATIONS POPULATION FUND. (2009). Guidelines for Engaging Faith-based Organisations (FBOs) as Agents of Change. New York, USA

ZUIDEMA. W. & HAWTHORNE. S. (2009). Guia de Estudo. Perspectivas no Movimento Cristão Mundial. Niterói: Perspectivas

Soli Deo Gloria